suhrkamp taschenbuch 2628

Widerborstig sind bei Robby nicht nur die Haare, sondern auch sein ganzes Verhalten. Ausdruck jugendlicher Minderwertigkeitsgefühle, gegen die er sich verzweifelt wehrt. Und da sein Vater als Radrennfahrer eine kleine Karriere gemacht hat, ist es naheliegend, daß Robby ebenfalls als Radrennfahrer Bestätigung zu finden hofft. Von der Geschwindigkeit erwartet er sich: die Loslösung aus dem Alltag, das Hinüberspringen aus dem Gewöhnlichen in eine freie Existenz. Doch wenn man den Rausch der immer größeren Geschwindigkeit benötigt, muß man auf schnellere Gefährte umsteigen. Motorräder und frisierte Autos aber kosten Geld, das sich Robby durch kleine Gaunereien zu verschaffen sucht. So verwundert es nicht, daß er eines Nachts eine Polizeisperre durchbricht und in der anschließenden Verfolgungsjagd mit höchster Geschwindigkeit gegen einen Baum rast.
Mit der Rekonstruktion des Leidenswegs eines jungen Niederländers ist van der Heijden ein eindrucksvolles Jugendpsychogramm gelungen.
Adrianus Franciscus Theodorus van der Heijden ist 1951 in Geldrop bei Eindhoven geboren. Er zählt zu den bedeutendsten niederländischen Autoren.
Im Suhrkamp Verlag erschienen die Romane *Ein Tag, ein Leben* (1992) und *Der Anwalt der Hähne* (1995).

# A. F. Th. van der Heijden
# Der Widerborst

*Roman*

Aus dem Niederländischen
von Helga van Beuningen

Suhrkamp

Umschlagfoto: Matthias Reiner

suhrkamp taschenbuch 2628
Erste Auflage 1996

Druck: Nomos Verlagsgesellschaft, Baden-Baden
Printed in Germany
Umschlag nach Entwürfen von
Willy Fleckhaus und Rolf Staudt
1 2 3 4 5 6 – 01 00 99 98 97 96

# Der Widerborst

*Für meinen Sohn Tonio*

# ROBBYS WIRBEL

Ein Schuhfetischist war ich nie, weiß Gott nicht; ich hab nichts mit Schuhen, jedenfalls nicht mehr als die meisten Menschen, seit unsere Vorfahren beschlossen haben, daß der aufrechte Gang nicht nur eine vorübergehende Laune ist. Was mich aber nicht daran hinderte, an einem schönen Spätnachmittag im Juni 1961 fast verliebt, zumindest aber ziemlich wehmütig im Garten hinter unserem Haus an eine ganze Reihe verloren dastehender Kinderschuhe zu denken, alle so in den Größen 27 bis 38. Auch an eine Menge Stiefel in diesen Größen.
Ich war gerade elf geworden, und es war schon eine ganze Weile im Gang, unaufhaltsam. Auf immer mehr Dächern, im Schatten von immer mehr Schornsteinen schoß es hervor, das kahle Unkraut, das dürre Gewächs der Fernsehantennen. Bis vor kurzem gab es höchstens vier Häuser pro Straße mit einem Fernseher, und damit war's genug; unsere, die Textielstraat, hatte zwei, nicht mehr: Das am nächsten gelegene ließ mittwochs nachmittags die Hintertür für die Kinder der Nachbarschaft auf, die sich das Kinderprogramm anschauen wollten, Indra Kamadjojo mit seinem Hirsch Kantjil, *De Telescoop* und was

sonst noch kam. Sie stellten sich nicht an, diese Leute, nur eine Bedingung gab es, daß man, egal bei welchem Wetter, die Schuhe oder Stiefel in der Küche ließ. Dort standen sie immer ordentlich aufgereiht neben dem Herd ... zehn, zwölf, dreizehn Paar ... Schuhe und Stiefel bunt durcheinander. Wenn es stark regnete, standen sie manchmal in einer bizarren Pfütze. Hatte es geschneit, so klebte mit Asche vermischter Schnee an den Absätzen, und die Pfütze breitete sich erst am Ende des Programms aus.

Wir entwickeln mitunter merkwürdige Gewohnheiten. Ich legte es darauf an, als letzter reinzukommen und mich in der Küche rumzudrücken, einzig und allein, um dieses tropfende Stilleben auf mich wirken zu lassen, die von dem nassen Schuhwerk ausgehende prickelnde Erwartung, welches auf wundersame Weise das Bild der Kinder heraufbeschwor, die drinnen, in Strümpfen, mit untergeschlagenen Beinen auf dem Fußboden hockten und sich *De Telescoop* ansahen.

In letzter Zeit waren es immer weniger Schuhe geworden; die Reihe wurde kürzer. Ein Kind nach dem anderen hatte daheim einen Fernseher. Sie blieben weg. Und es kam, wie es kommen mußte, an einem sonnigen Samstagnachmittag im Juni stand ich zusammen mit meinem fünf Jahre jüngeren Vetter Robby bei uns hinten im

Garten und schaute zum Dach hoch, wo Onkel Robert gerade dabei war, auch für uns eine Antenne zu montieren. Die Ziegel klapperten unter seinen Sohlen, als er den großen Zinken zum Schornstein trug, um ihn in die eigens dafür angebrachte Halterung gleiten zu lassen. Onkel Roberts Schuhe verwandelten das Dach in einen Cakewalk oder »Jimmy«, wie die Kirmesattraktion bei uns hieß, auf die man mich mit keinen zehn Pferden bekam. Er lief mit der gleichen Unerschrockenheit auf dem schwankenden Dach wie ein Seemann bei Sturm über das Deck des schlingernden Schiffs. Nicht, daß er vom Fach gewesen wäre ... Onkel Robert war ein altgedienter Amateurradrennfahrer und auch auf manch anderem Gebiet Amateur, ein Fachmann war er nicht, aber ein Mann ohne Höhenangst oder sonst irgendwelche Angst, und das, obwohl er auf einem Auge nichts sah.
»Jetzt guck dir bloß mal den Bekloppten an«, hatte Robby schon ein paarmal in seinem altklugen Eindhovener Rotzton gesagt, jedesmal wenn sein Vater eine unbedachte Bewegung machte.
»Robbertchen?« Das hatte ich von seiner halbdeutschen Mutter; nur sie benutzte diese Koseform.
»Keine Beleidigung, du Knallkopp. Ich heiß Robby.«

»He, Robby ...«
»Mann, schrei doch nicht so. Dazu hab ich meine Mutter.« (Das war einer seiner Lieblingssprüche. Er brachte ihn sogar gegenüber seiner eigenen Mutter an, wenn die ihn rief.)
»Findest du das denn nicht gräßlich, Robby, wenn dein Papa ganz da oben auf dem Dach steht?« Ich fühlte mich trotz seiner Altklugheit aufgrund des Altersunterschieds zu einem Ton bemüßigt, wie Erwachsene ihn gegenüber einem Kind anschlagen.
»Wasn Quatsch ... Laber nich rum.«
Schon den ganzen Nachmittag beantwortete er alles, was ich sagte, mit »Quatsch!« Er sprach es voller Verachtung aus wie »Kwats!«, was selbst aus diesem Kindermund wie ein Peitschenhieb klang. »Kwats! Geh lieber spielen!« Daheim hörte er ständig den ungehobelten, ausnahmslos grobmäuligen Rennradfahrerkumpels seines Vaters zu. Robby plapperte ihre Ausdrücke nach, ihre Schweinigeleien, und das trug ihm ihren amüsierten Beifall ein. Onkel Robert bremste ihn nicht; zweifellos fand er es toll, er, der als Junge nie den Mund aufgemacht hatte. Mochte Robbys »Kwats!« ursprünglich eine Imitation gewesen sein – er hatte es sich voll und ganz angeeignet. Es war ihm gerade noch anzuhören, daß er mit seinen Erwachsenensprüchen viel Gelächter ge-

erntet hatte, aber die Koketterie war verschwunden: Das Bürschchen schien zu meinen, was es sagte, zumindest soweit ihm die Tragweite seiner Worte klar war.

Wir beobachteten eine Zeitlang schweigend das Hantieren seines Vaters dort oben. Ich sah, wie auf dem Dach eine völlig neue Ära installiert wurde – nicht für die Welt, sondern für mich. Ging das schon wieder los! Kinderschuhe, in der Küche aufgereiht, auf das Ende der Kinderstunde wartend … Das würde es nie mehr geben. Nie mehr würde ich zu Füßen dieses rosigen und silbrigweißen Großmütterchens hocken, das schon kaum mehr ein Mensch war, eher ein bejahrter Engel, gefangen in einem lederumkleideten Eisengestell, einer Art Käfig, der ihr weißbehaartes Kinn hochielt. Dieser leise schwankende Zinken da oben, der den Dreh noch nicht ganz raushatte, verdonnerte mich, künftig im eigenen Wohnzimmer zu sitzen.

Kinderschuhe, Größe 27 bis 38 … Deswegen würde ich doch wohl nicht flennen? Ich ließ den Zinken Zinken sein und schaute auf Robby hinunter, der dicht neben mir stand, im vollen Sonnenlicht. Auf seinem Stiftekopp, hellblond, waren die Wirbel deutlich zu erkennen; die Sonne legte einen flirrenden Schimmer darüber, der an poliertes Aluminium erinnerte. Robbys Aufmerksamkeit, die die ganze Zeit mit gut getarnter Besorgnis auf seinen waghalsigen Vater gerichtet gewesen war, wurde für einen Moment von einem Nachbarjungen abgelenkt, der im Garten nebenan auftauchte. Als Robby den Kopf dorthin wandte, tat die Sonne ein übriges mit seinen Wirbeln: Ein kleiner Lichtstrudel entstand, dem Flimmern vergleichbar, das sich bei einem vorbeiflitzenden Fahrrad manchmal über die Speichen legt und sich ruckweise, träge in gegenläufiger Richtung bewegt.

Da ich ohnehin schon fast Tränen über diese Kinderschuhe vergoß, konnte ich der Versuchung nicht widerstehen, dem Bengel über den Kopf zu fahren. Sein Mecki, sonnenwarm, fühlte sich wie eine weiche Nylonbürste an. Robby ruckte den Kopf unter meiner Hand weg. »Was is dassen fürn Quatsch? Fummel doch deiner Mutter anner Birne rum!«

Als wir wieder nach oben schauten – er böse, ich verdattert –, war sein Vater verschwunden. Die Arbeit war nicht beendet: Die Antenne hing etwas schief in der am Schornstein angebrachten Halterung und mußte noch mit Drähten verspannt werden. Wir blieben eine Zeitlang so stehen, bis ich einen Krampf im Genick bekam und Robby vielleicht auch. Onkel Robert tauchte nicht wieder auf.

»Ich geh mal auffer Straße schaun«, sagte Robby verkniffen, aber ohne Spur von Panik, »obber vielleicht runnergeknallt is.«
Und gelassen, ohne Eile, die kleinen Fäuste tief in den Taschen seiner Latzhose vergraben, machte er sich mit unbewegter Miene auf den Weg um den Häuserblock. Mir wurde bewußt, daß er trotz seiner Forschheit (»Mann, zieht der Kerl wieder ne Schau ab«) der Sache schon die ganze Zeit nicht so recht getraut hatte. Ein kleiner, kompromißloser Erwachsener. Und das, während ich, fünf Jahre älter als er, die ganze Zeit fast wegen Schuhen geflennt hatte, aus denen die Besitzer längst herausgewachsen waren, sofern die Dinger nicht überhaupt schon viel früher abgetreten auf den Müll geflogen waren ...
Hatte ich an diesem Nachmittag die ersten Anzeichen seiner folgenschweren Selbständigkeit bemerkt? Auch wenn es mir noch nicht ganz klar war – ich hatte das unangenehme Gefühl, daß Robby nicht nur die derben Späße von seines Vaters Rennfahrerfreunden übernommen hatte, sondern daß er, anders als sie in ihrer unverbindlichen Art, die äußersten Konsequenzen daraus zog. Noch ohne, daß er es selber wußte: Robby meinte es ernst.

Natürlich war sein Vater nicht vom Dach gefallen, aber das änderte nichts. Etwas war in Gang gekommen – wahrscheinlich schon früher.

Nachdem das Testbild scharf und klar erschienen und von eiförmig auf »praktisch rund« eingestellt worden war, wollte Onkel Robert keine Minute länger bleiben. So war er. Kein Sitzfleisch für Gemütlichkeit. Tante Karin lud mich ein, »nächsten Monat, wenn die Schule vorbei ist«, sie für ein, zwei Wochen zu besuchen, »dann kannst du mit unserem Robbertchen spielen«.

»Spielen ...!« wiederholte Robby; fast spuckte er das Wort aus. »Wasn Kwats!«

*Seit eine Schwester Robert im Alter von sechs Jahren mit einer Häkelnadel ins linke Auge gestochen hatte, galt er als* »scheues Tier«. *Bei aller Scheu hatte er eine phantastische Methode gefunden, wie er sich vor den Menschen verstecken konnte ... Die Stahlspitze hatte in der Iris einen makellos rautenförmigen, milchig weißen Fleck hinterlassen, der – stark vergrößert – in Schwarz vor ihm hertanzte. Diesem Fleck rannte er, so schnell er konnte, hinterher, wie ein Esel der Schuhsohle an der Angel des Fuhrmanns.*

Das Gefahrendreieck

Irgend etwas haben die meisten Menschen – einen Buckel, ein anrüchiges Geheimnis –, weshalb sie sich manchmal am liebsten in der Erde verkriechen würden. Bei Onkel Robert, dem jüngsten der sieben »Bertjes« Egberts, war es das durchstochene Auge, dessentwegen er am liebsten permanent unsichtbar gewesen wäre. Er suchte sein Heil in der Geschwindigkeit. Der Mensch muß aber auch essen, nicht wahr, und sich fortpflanzen. Und außerdem: Man wird älter und bewegt sich langsamer, und so läuft man Gefahr, immer sichtbarer zu werden. Eines Tages ist man so träge, daß es einem nicht mehr gelingt, den Kopf rechtzeitig abzuwenden, wenn jemand mit dem Finger auf dein Auge zeigt und sagt: »Du hast da was Komisches. Einen weißen Fleck.«

Noch aus einem weiteren Grund wurden Unsichtbarkeit und damit Schnelligkeit zu Roberts Lebensziel. Mit vierzehn geriet er, während seine Mutter daheim im Sterben lag, in etwas hinein, das in der Familie stets als »Sexskandal« bezeichnet, in den Details jedoch verschwiegen wurde. Ja, wer weiterbohrt, bekommt als Dreingabe noch zu hören, daß es »was mit Jungs unter sich« zu tun hatte – »Schweinkram«, aber das war's dann. Ich kann mir kaum vorstellen, daß es, alles in allem, schockierender war als die Spiele in diesem Alter zwischen Thjum, mir und Flix. Trotzdem wurde Robert Egberts für ein volles Jahr in irgendsoeine Anstalt gesteckt, in der die kleine Sünde reichlich Gelegenheit bekam, sich zu einer wahren Lebenserfüllung auszuwachsen. Er verließ die Anstalt als fünfzehnjährige Waise, denn nicht lange nach seiner Mutter war auch sein Vater gestorben.

Von diesem Moment an machte Robert sich, soweit es irgend ging, unsichtbar. Von dem Geld, das er im Ziegelwerk verdiente und das zum größten Teil in der Haushaltskasse seiner Schwestern verschwand, sparte er sich ein Rennrad zusammen. Wenn er nicht arbeitete, trainierte er. Daheim ließ er sich nie blicken, bis auf die paar Minuten am Tag, die er brauchte, um sein warmes Essen runterzuschlingen. Die einzige Großtat aus dieser Zeit, die der schemenhaften Figur schärfere Konturen verleiht, war der Diebstahl einer Kartoffel vom Teller seines Bruders; er hatte sie sich noch nicht ganz auf die Gabel gespießt, da stach der Bruder schon mit seiner zu. Eine aus vier Punkten bestehende Narbe auf Roberts Handrücken bezeugte, daß er damals nicht *immer* unsichtbar war. (»Die Forke blieb von allein senkrecht stehen, so tief steckten die Zähne in seinem Fleisch.«)

Schneller, weniger sichtbar – jetzt ging's zur Sache. Er nahm an den ersten Rennen teil, zunächst bei den Nachwuchsfahrern. Wenn so jemand, dessen höchstes Ziel die Unsichtbarkeit ist, doch an eine Frau gerät, muß das wohl auf der Rennstrecke passieren. Karin hieß sie und war die Tochter des Begleitwagenfahrers, eines Deutschen, der in Eindhoven wohnte. Als die Verliebtheit schon nicht mehr rückgängig zu machen war und eine Verlobung in Sicht kam, gestand Karin ihrem Rennfahrer, daß sie als Zwölfjährige durch einen Sturz vom Baum, bei dem sie etliche Meter tiefer rittlings auf einem Ast gelan-

det war (der obendrein an einer unglücklichen Stelle abbrach und seinen gesplitterten Kamm tief in sie stieß), »wahrscheinlich unfruchtbar« geworden sei.
Nicht nur, weil Robert, der endlich mal straflos sündigen wollte, in ihrer Geschichte ein bequemes und kostenloses Empfängnisverhütungsmittel entdeckt hatte, sondern auch, weil die Heiratspläne immer ernstere Formen annahmen, konsultierte Karin zusammen mit ihrer Mutter einen Gynäkologen. Resultat: »Mit an Sicherheit grenzender Wahrscheinlichkeit unfruchtbar.« Es rührte vor allem die Frauen in der Verwandtschaft zu Tränen, daß die Jungverlobten trotz dieser Umstände, die eine Heirat eigentlich ausschlossen, sich dennoch dazu entschlossen. Himmelnochmal, das mußte wahre Liebe sein.
Sie fragten mich, ob ich, vier Jahre alt, Brautführer sein wolle, in einem Leihanzug, neben einer gleichaltrigen Kusine als Brautjungfer. Das heißt: Natürlich wurde nicht ich gefragt, sondern meine Eltern, und die sagten sofort ja, denn das machte klamottenmäßig was aus.
An meine Vorbereitung zum Brautführer habe ich eine beschämende Erinnerung. Der Mann vom Brautkleidungsverleih tauchte unangemeldet bei uns auf, um bei mir Maß zu nehmen; es war während der Osterferien, und ich war bei

meinen Großeltern zu Besuch. Der Mann wurde an ihre Adresse weiterverwiesen. Dort eingelassen, entpuppte er sich als Kindesentführer. Er gab zu verstehen, daß er beim »kleinen Herrn« nicht nur Maß nehmen wolle, sondern »den kleinen Herrn« den Anzug auch gleich anprobieren lassen wolle, und dazu müsse »der kleine Herr« mit ins »Geschäft … äh … Lager … also, das Lager hinter dem Geschäft«.
Obwohl meine Mutter mir immer eingeschärft hatte, nie mit fremden Männern mitzugehen – Oma, die Bequemlichkeit in Person, lieferte mich meinem Entführer gnadenlos aus. Sie ging sogar soweit, mich beiseite zu nehmen, um die Sauberkeit meiner Unterwäsche zu prüfen. Genau wie sie gedacht hatte: ein großer graugelber Fleck sowohl im Höschen als auch unten am Hemd, und das, wo meine saubere Wäsche schon längst aufgebraucht war (meine Sachen zu waschen kam Oma nicht in den Sinn). Die Bequemlichkeit hatte sie im Laufe der Jahre erfinderisch gemacht. Sie zog mir die Unterwäsche aus und steckte mich dann verkehrt herum wieder hinein. Der graugelbe Fleck befand sich nun, inklusive Kinderschlitz, an meiner Sitzfläche; von vorn betrachtet, hatte ich eine bollige Mädchenhose an, die einigermaßen sauber aussah. Das Hemd spannte vorn dicht am Hals, während die tief ausgeschnittene Rück-

seite mir ein leichtes Frösteln zwischen den Schulterblättern verschaffte.
»Dann sieht man's nicht beim Anprobieren«, erklärte sie. »Gib acht, daß du immer mit dem Rücken zur Wand stehst.«
Ein kluger Rat. »Immer mit dem Rücken zur Wand« – damit konnte man was anfangen. Ja, was kluge Ratschläge betraf, war meine Oma bestimmt nicht bequem.
Solchermaßen stadtfein und wieder vollständig bekleidet, übergab sie mich meinem Entführer. Ich würde sie nie wiedersehen. Irgendwo in einem dunklen Wald würde der Kerl mir das übliche Galgenmahl in Form von Schokolade verabreichen, und dann ... Der Rest würde in der Zeitung stehen.
Ein Wald war's nicht, sondern etwas viel Schlimmeres. Meine Marter vollzog sich vor Publikum – und was für einem. Einem Publikum ohne Gesichter, ohne Hände, ohne Volumen und mit eisernen Fragezeichen anstelle von Köpfen. Mit diesen Fragezeichen hingen die Zuschauer links und rechts von mir dicht gedrängt und reglos an langen Stangen, wie Büroleute abends im Bus auf dem Mittelgang. Schweigend. Die Schwalbenschwänze ihrer schwarzen Fräcke zeigten regungslos mit den Spitzen zum Boden, wo blankgeputzte schwarze Schuhe standen, durch keinen

Fuß oder Knöchel mit den gestreiften Hosen verbunden, die ohne die geringste Beule am Knie, zweischneidig gebügelt, unter den Fräcken hervorkamen. Über den Fragezeichen standen auf einem langen Regalbrett strenge Zylinder, hellgrau, und so sahen sie auf mich herab, der ich geduldig meiner Opferung harrte.
Genau, wovor Mama mich gewarnt hatte: Der Entführer hieß mich die Kleider ausziehen. »Nein, die Unterhose anbehalten.« Das sagte der Hausarzt auch immer, also wieder ein günstiges Zeichen. Dann ging's aber los. »Gib acht, daß du immer mit dem Rücken zur Wand stehst.« Leichter gesagt als getan, Oma. Der Kinderverführer entrollte ein grünes Zentimetermaß und ließ mich, gefangen in den Schlingen seines Bandes, wie einen Kreisel drehen, und so bekam ich alle Ecken und Spiegel des Raums zu sehen. Die Zuschauer waren in Bewegung geraten und schossen nun wie Schwalben um mich herum. Sie erinnerten mich an die Männer, die unseren alten Nachbarn begraben hatten. Krähen hatte mein Vater sie genannt. Würden sie mich gleich, wenn sie ihr Interesse an mir verloren hatten, in der Erde verbuddeln?
Als ich einen Augenblick stehenbleiben durfte, weil es dem Lustmörder beliebte, mir sein Zentimetermaß wie eine Schlinge um den Hals zu

legen (ich fühlte, wie mein Adamsapfel rauszuschlüpfen versuchte), blickte ich auf einen mannshohen Drehspiegel. Darin war ein kleiner Junge aufgetaucht, in Unterzeug, den Bauch mir zugewandt, aber mit rückwärts gedrehtem Kopf, so daß ich auf seinen behaarten Hinterkopf schaute. In Höhe seines Ohrs war die große Hand zu sehen, die den Kopf in diese verkehrte Position gebracht haben mußte. Unten am Bauch trug der Junge einen runden graugelben Fleck, und gleichzeitig fühlte ich denselben Fleck auf meinem Hintern brennen, ungefähr so, wie Schamesröte auf Wangen brennen konnte. Er erinnerte mich an die Bilder, auf denen ich einen zuvor mit Bleistift freihändig gezeichneten Kreis mit gelber Kreide als Sonne ausmalen wollte: So sorgfältig ich auch malte, immer mischte sich etwas Schwarz ins Gelb, wodurch die Sonne grau wurde und irgendwie nicht mehr strahlte, nicht mehr schien, sondern in sich zusammenschrumpfte, Licht aufsaugte, anstatt es abzugeben. So eine Schmuddelsonne hatte ich jetzt am Hintern hängen, deutlich sichtbar für den Mann mit dem kalten Zentimetermaß und für alle Gestalten, die da hochmütig und naserümpfend an ihren Haken hingen.

Als der Mann sein Maßband wieder dazu benutzte, mich im Kreis herumzudrehen, tat ich mein möglichstes, um mit dem Rücken »zur Wand« zu bleiben, aber es hatte keinen Sinn: Hier waren keine Wände, und die graue Sonne taumelte von Spiegel zu Spiegel; mich um die eigene Achse drehend, begegnete ich ihr immer wieder. Bis der Entführer vom Knebeln genug hatte und mir mit einer wegen der Stecknadeln zwischen den zusammengepreßten Lippen erstickten Stimme befahl, eine gestreifte Hose und eine gespaltene schwarze Jacke anzuziehen. Als ich mich in den Schandanzug gewurstelt hatte und er, knurrend, für eine so kleine Größe seien sie eigentlich nicht gedacht, die Hosenbeine und die Ärmel abgesteckt hatte, drückte er mir einen kleinen Zylinder auf den Kopf. Die großen Fräkke und Hüte sahen zu, wie ich mich wieder ausziehen mußte, um nun endlich meine gerechte Strafe zu empfangen.

Am Morgen der Hochzeit kam derselbe Mann schon früh, um mich anzukleiden, einfach so im Beisein meiner Eltern. Ich erhielt ein Hemd mit Stehkragen und darüber eine richtige Weste. Die Hose ruhte schwer auf den Lackschuhen, der Schwalbenschwanz berührte fast den Boden. Da ich meinen Zylinder den ganzen Tag ängstlich aufbehielt und den schwarzen Stock mit dem versilberten Knauf keinen Moment beiseite legte, nannte jeder auf dem Fest mich ›kleiner Professor‹.

Es war eine Doppelhochzeit. Karin und ihre Schwester Irene heirateten am selben Tag, was zu der Zeit nichts Besonderes war. Mein Vater und sein Bruder Egbert hatten fünf Jahre zuvor ebenfalls Doppelhochzeit gefeiert. Es senkte die Kosten.

Meine Kusine und ich gehörten zu Onkel Robert und Tante Karin; Irene und ihr Bräutigam hatten eine Brautjungfer und einen Brautführer, die ich nicht kannte und von denen die Egberts für jeden hörbar sagten, es sei lange kein so schönes Paar. Bei dem Jungen, einem »Bleichschnabel« mit zu kleinem Kopf, ruhte der Zylinder auf Augenbrauen und Segelfliegerohren. Das Mädchen, aus Deutschland, hatte »Spinnenbeine«; ihre große weiße Schleife, in der Kirche noch gut und gern zwanzig Zentimeter hoch, hing schon bald schlapp im dünnen blonden Haar. Kurzum, auf Karins Partie mußte, anders als auf der Irenes, wohl Segen ruhen. Wie wär's denn auch anders möglich bei einem »Bertje« von Egberts.

Vom Brautpaar existiert ein Foto, das in der Familie als mißlungen gilt, vielleicht, weil es etwas Spontanes hat. Karin und Robert beugen sich beide lächelnd über den Miniaturbrautstrauß meiner Kusine, um etwas an den Schleifen zu ordnen; ich bin von uns vieren der einzige, der in strammer Haltung genau in die Kamera schaut, mit sehr dunklem Blick unter dem Zylinder hervorlugend, die Hand locker auf dem Stockknauf. Ich war mir (aber vielleicht bilde ich mir das heute nur ein) des Ernstes der Situation bewußt, der Tragik der beiden, die heirateten, weil sie sich liebhatten, aber nie Kinder haben würden. Ich sagte mir feierlich, daß meine Kusine und ich *deshalb* dieses Brautpaar zu begleiten hatten: um die Aufmerksamkeit ein wenig von der künftigen Leere abzulenken.

Vor dem Essen spazierte ich mit dem anderen kleinen Brautführer durch die Straße vor Karins Elternhaus. »Wir waren zwei Professoren«, sagte der Junge und versuchte zum x-tenmal vergeblich, seinen Zylinder etwas nach hinten zu schieben, wie er es bei mir gesehen hatte.

Bei Tisch wurde mir eine große Serviette umgebunden, aber ich weigerte mich, den Hut abzusetzen. Wir durften wählen zwischen Kotelett und Beefsteak. Mit Koteletts war ich vertraut (wenngleich die daheim vornehmlich als krumme Knochen in der fetten Pranke meines Vaters vorkamen); »Beefsteak« klang geheimnisvoller: ein Wort, das in den herablassenden und zugleich ehrfurchtsvollen Gesprächen über »Leute, denen's gut geht«, eine Rolle spielte. Ich entschied mich für Beefsteak. Da es für so viele Gäste keine ausreichend großen Platten gab, wurde das Fleisch in zwei Eimern hereingetragen, die Koteletts in einem Zinkeimer, die Beefsteaks in einem emaillierten. Der fettige Holzgriff und das hie und da abgesplitterte Email machten mich traurig und nahmen dem Beefsteak das Besondere. Es erwies sich als zäh und war mit meinem Milchgebiß nicht kleinzukriegen. Schließlich gab meine Mutter mir ihr in Streifen geschnittenes Kotelett; sie selbst aß mühsam kauend das Beefsteak auf.

Onkel Robert war bei seiner Hochzeit düster und schweigsam. Er schien sich in seinem Hochzeitsanzug nicht wohl zu fühlen. Regelmäßig stand er auf und verschwand für eine halbe Stunde, niemand wußte, wohin. »Er vergraulte alle«, hieß es später in der Verwandtschaft. Beim Fest selbst schien sich vorläufig niemand daran zu stören. Es wurde getrunken und gesungen. Die Damen hakten sich unter. Als die Mutter der Bräute nach ein paar Gläsern Zitronengenever für den Geschmack ihrer Töchter zu laut und hemmungslos wurde, machte die Frau die Hühnerfüttergeste des Geldzählens und rief: »Ich hab schließlich dafür bezahlt!«

Ja, die Stimmung war bombig. Als es Abend wurde und Robert wieder für eine ganze Weile das

Wohnzimmer verlassen hatte, war sich die angeheiratete Verwandtschaft gedämpften Tones darin einig, daß die Ursache der Unfruchtbarkeit bei ihm zu suchen sei, nicht bei Karin. Hatte man ihn nicht nach diesem Skandal damals ... in dieser Anstalt oder was es war ... hatte man ihn da nicht, um Schlimmeres zu verhüten ... nicht wahr?

*Von Egbert hatte er den Auftrag, jedesmal, wenn das Feld vorbeiflitzte, ganz laut »Ran, Onkel Robert!« oder »Los, Robert, jetzt aber ran!« zu rufen. Zu Gesicht bekam er seinen Onkel freilich nicht. Alles, was er sah, war ein vorbeirasender Pulk Buckliger in bunten Hemden, umgeben vom Geruch nach Kampferspiritus, mit dem die Fahrer sich die Waden einrieben. Albert hörte sie schnaufen. Die plötzliche Luftverdrängung krachte wie eine Faust auf den Jungen. Er wunderte sich über die Gewalt, die diese fragilen Fahrräder mit ihren dünnen Reifen aus dem Pflaster droschen.*

Das Gefahrendreieck

Auf der samstäglichen Rennstrecke schloß ich Bekanntschaft mit der Geschwindigkeit, die unsichtbar macht. Und ich entdeckte den Stillstand in der Geschwindigkeit, wenn ich auf die Räder schaute, die dünnen Speichen, die mit der Zeit nur noch Funken zu sprühen schienen, ohne daß ihre Umdrehungen sichtbar wurden.

Es war eine Geschwindigkeit, die das Feld zu einem massiven Gebilde zusammenschmiedete, zu einem plumpen, schwerfälligen Gefährt, in dem wenig Bewegung zu stecken schien. Onkel Robert war eine Farbnuance in diesem Pulk, und nicht einmal das. Er existierte hauptsächlich als *Name*, der von mir, dazu durch andere Familienmitglieder ermuntert, und von ihnen selbst geschrien wurde, wenn das Rudel schnaufend vorbeizog. In diesem oder jenem brabanter oder flämischen Kaff waren sie aus verschiedenen Himmelsrichtungen zusammengekommen, um ihren stets abwesenden Bruder und Schwager und Onkel zur Ordnung zu rufen. Sie riefen ihm mit einer Heftigkeit zu, die vermuten ließ, er wolle vor ihnen Reißaus nehmen. Ihre Stimmen veränderten sich dort vollständig. Verzweifelt und fanatisch zugleich, so klangen sie.

»Durchhalten, Rob!«

Unsichtbar inmitten seines in Schräglage heransausenden Rudels schoß er aus der mit Strohballen abgesicherten Kurve auf uns zu. Beim Vorbeischeren – man konnte sie fluchen und prusten hören – wurde ihm von seinen Brüdern und Schwagern und Neffen zugebrüllt: »Ja, Robert, bleib jetzt dran!«

Die Schreie, als Aufmunterung gedacht, klangen eher gebieterisch und flehend, und ich mußte daraus schließen, daß sie ihn aus einem fernen Gebiet, das nicht das ihre war, zurückrufen wollten. Erst wenn die ganze Meute wieder von uns floh, um zwischen den Strohballen der nächsten Kurve zu verschwinden, entspannte sich die Familie – bis das zweifache Geräusch aus Sausen und Dröhnen wieder zu hören war.

Als er ein paar Monate nach seiner trübsinnigen Hochzeit eines Samstagnachmittags sein Rennrad über unseren Gartenweg schob, erkannte ich ihn nur mit Mühe, so selbstverständlich war es für mich, daß er für den Rest seines Lebens als »Bräutigam« gekleidet sein würde, mit gestreifter Hose und Zylinder. Es war Herbst geworden, folglich trug Onkel Robert beim Training nicht sein dünnes Renntrikot, sondern Rollkragenpullover und Knickerbocker. Vorsichtig, den kleinen Finger unter den Sattel gehakt, lehnte er das Rad an die Wand der Waschküche und schälte den verschwitzten Kopf aus der durchbrochenen Sturzkappe. Er grinste mir zu – das eine Auge starr und tot, das andere lebendig, aber ausweichend.
»Is Altje nich da?« fragte er meine Mutter, die ihm auf dem Hinterhof entgegenkam. Seine heisere Stimme, so selten gehört, klang weniger barsch als sonst.
»Der ist um halb eins nicht heimgekommen von Philips. Weiter brauch ich ja wohl nichts zu sagen. Wieso, ist was?«
Er sah meine Mutter nicht an, aber sein Hals

schoß vor und sein Gesicht kam so nahe an ihres heran, daß sie ihrerseits mit dem Oberkörper zurückwich. »Hab ich's nicht gesagt?« rief er wie in einem bösen Triumph. »Hab ich's nicht gesagt? Ha! Man darf den Herren nicht alles glauben. ›Sie brauchen sich keine Hoffnungen zu machen‹, hamse gesagt. Ha!« Er knurrte wie ein Hund zwischen Wut und Zufriedenheit. »*Schön*, daß se jetzt in andren Umständen is, unsre Karin.«
Meine Mutter wischte sich mit dem Ärmel die Spucke seiner frohen Botschaft vom Gesicht. Sie wirkte nicht sehr überzeugt. Ihre Worte klangen noch rätselhafter als seine. »Wie weit ist sie?«
»Sechs, siebn Wochn, meint se.«
»Sollen wir dann nicht erst mal warten, bis wir sechs weiter sind? Bis es drei Monate sind? Gerade bei jemand, bei dem die Ärzte ...«
»Nix da! Ich weisses genau! Ich spürs!«
Er radelte mit einem so grimmigen Gesicht davon, daß ich Angst bekam.

Manchmal verknäulte sich ein Teil des Pulks: Dann verhakte sich alles – Lenker, Körperteile – so unentwirrbar ineinander wie Büroklammern in einer Schachtel. Alles und jedes zog sich gegenseitig zu Boden. Doch dann folgte das Wunder des schnellen Aufstehens! Die Fahrer gaben ihren Wunden nicht einmal eine Chance zu bluten; das geschah erst, wenn sie wieder fuhren und Blutstropfen von ihren Köpfen flogen wie Schweiß. Manchmal sah man, wie bizarr sich ein Blutstrahl um einen Arm schlängelte: ein komplettes Flußdelta in leuchtendem Rot, das sich um einen Ellbogen zu winden versuchte …

Onkel Roberts Knie und Ellbogen waren manchmal ebenfalls blutverkrustet, wenn er sich ausnahmsweise nach einem Rennen blicken ließ. Aber auch dann blieb er so gut wie unsichtbar, denn eigentlich war er es nicht selbst: Uns präsentierte sich, aufrecht gehalten durch sein Fahrrad, das kümmerliche Etwas von Mensch, das nach dem Endspurt von Robert Egberts übrig war. Ein nasser, über Stange und Sattel hängender Lumpen. Völlig ausgepumpt. Ob er nun als Fünfter oder als Fünfundfünfzigster die Ziellinie passiert hatte, um seinen Mund, der ins Hasenschartige spielte, lag stets ein bitterer, enttäuschter Zug, der manchmal auch etwas von Selbsthaß hatte. Sein gekrümmter Nacken drückte Wut aus. Selbst wenn er mich nie eines Blickes würdigte, konnte ich seine Kraft aus dieser Nähe doch deutlich spüren. Oder besser gesagt, das *Negativ* dieser Kraft: der Kraft nämlich, die er in den vergangenen Stunden verbraucht, beziehungsweise, wenn man seinem Gesicht glauben durfte, vergeudet hatte.

Während Robert sich abwesend und ausgelaugt die diversen Bemerkungen seiner wohlmeinenden Brüder anhörte, stellte er immer wieder den Lenker gerade, um dann, den kleinen Finger unter dem Oberrohr, das Rad anzuheben und mit zugekniffenem Auge zu schauen, ob das Vorderrad genauso weit nach rechts wie nach links ausschlug. Onkel Egbert zufolge kontrollierte er so, ob »kein Spiel im Steuerkopf« war. Aber er tat es so oft und vor allem so oft hintereinander, daß es ein Tick geworden sein mußte. Zwischendurch legte er manchmal einen Finger längelang an die Nase und beförderte dann etwas durchsichtigen Rotz in den Rinnstein. Nie gab er mehr als ein kurzes Brummen zur Antwort, wobei er zu Boden sah wie ein geschlagener Schuljunge, der sich das Seine denkt.

»Ich geh mich mal umziehn.« Das war so ungefähr der einzige Satz, den Onkel Robert vollständig herausbrachte. Mit zwei Fingern, die federleicht auf dem Sattel lagen, schob er das Rad schnurgerade vor sich her. Es war eine Geste der Zärtlichkeit und zugleich eine der Verachtung. Meist ging Tante Karin dann mit ihm. Ich war seltsam gerührt beim Anblick der beiden: er vornübergebeugt, mit angespanntem Rücken, sie entspannt zurückgebeugt, den Bauch vorgeschoben.

Erst im Mai, ich war gerade fünf geworden, kam Robert wieder einmal bei uns vorbei, zwar auf dem Rennrad, aber im Blaumann und an einem normalen Arbeitstag, folglich konnte er nicht am Trainieren sein. Er hatte nicht einmal seine lederne Bananenschale auf dem Kopf.

Er lachte mir mit schiefem Mund zu – »Na, mein Jung« – und lehnte dabei sein gelbes Rad sehr viel weniger vorsichtig an die Wand als beim letzten Mal. Als ich kurz darauf ins Wohnzimmer kam, hing er, die Beine ausgestreckt, aber eher aufgeregt als entspannt, im Rauchersessel und ließ sich von meiner Mutter – was er früher als Sportler stets ausgeschlagen hatte – eine Tasse Kaffee reichen. In seiner Aufregung nahm er einen viel zu großen Schluck von dem dampfend heißen Getränk, schluckte ihn aber trotzdem runter. Anstelle eines Fluchs, den ich eigentlich erwartet hatte, gab er einen lauten genießerischen Seufzer von sich, wobei er mit dem Zeigefinger andeutete, wie der glühende Kaffee sich seinen Weg nach unten brannte. »Ah! Ich spür, wie er runtergeht … von hier oben bis dorthin. Schneidet mittendurch.«

Ich muß mit einem Gesicht auf seine Brust geschaut haben, als rechnete ich ernsthaft damit, daß der blaue Stoff seines Arbeitsanzugs jeden Augenblick aufreißen könne, um …

Onkel Robert lachte laut über die Schnute, die ich zog, und steckte mir etwas Kleingeld in die Hosentasche. »Hier. Du mußt aber sagen, was du dir davon kaufen willst. Ich mochte früher Grieben sehr gern.« Er stellte die Kaffeetasse neben den Sessel auf den Boden und setzte sich aufrecht hin; ihm schien plötzlich etwas eingefallen zu sein, was er unbedingt erzählen mußte. »Ich mußte sie für meine Schwester holen. Für Tante Betsie.« (Er meinte die Schwester, die ihm mit einer Häkelnadel ins Auge gestochen hatte.) »Grieben. Warm. In so 'ner Papiertüte. Finger weg, bis du daheim bist, sagte sie immer. Ich schwor hundertmal mit nassen Fingern, daß ich nicht drangehen würde. Ging ich mit der Tüte voll Grieben draußen durch die Kälte und ... ach, mein Junge, was roch das gut. Dann dacht ich mir: eine, das merkt sie nicht. Tüte auf, Griebe, Tüte zu. Und noch mal ... Zuletzt hatte ich die Tüte so oft auf- und zugemacht, daß sie an den Rändern vor Fett troff. Zufalten konnte ich sie dann nicht mehr, also, was tat ich?« Er sprach immer heftiger, schrie schon fast. »Ich *drehte* sie oben zu, die Tüte, und dann stand das Papier wie ein Nagel in die Höhe. Steif von Fett. Kerzengerade in die Höhe! Wie 'n Nagel ...! Mit 'ner Spitze aus reinem Fett ...! Wie 'n Nagel ...!«
Ich hatte mehr auf seine nervös tanzenden Hände

geschaut, die aus Tütenpapier und Griebenfett einen Nagel formten, als auf sein Gesicht, das mich zum erstenmal wirklich anzuschauen versuchte, wenn auch nicht mit zwei Augen. Es war das erste Mal, daß er das Wort an mich richtete, und dann auch noch so merkwürdig fanatisch, daß man hätte meinen können, er vertraue jemandem ein zu lange gehütetes Geheimnis an. Daß es auch gleich das letzte Mal war, wird wohl der Grund dafür gewesen sein, weshalb dieser Papiernagel im Verlauf der Jahre für mich so etwas wie sein Selbstporträt wurde.
Obgleich mitteilsamer als sonst, war er doch nicht weniger rastlos. Er ging schon bald wieder.
»Wir kommen's bald mal anschauen«, sagte meine Mutter.
Als ich ihm nachsah, wie er in seinem sich blähenden Arbeitsanzug eigentlich viel zu plump über das leichte Rad gebeugt saß, fühlte ich eine merkwürdige Rührung. Tüte auf, Griebe, Tüte zu. Meine Mutter stellte sich neben mich. »Ja, Albert. Tante Karin kann keine kriegen, hat der Doktor erst gesagt. Und jetzt haben sie einen Sohn. Onkel Robert freut sich natürlich wie ein Schneekönig, das hast du ja gesehen.«

Ich war der einzige Zeuge bei Robbys Taufe. Nicht einmal ein Pfarrer war dabei.

Wahrscheinlich weil sie geglaubt hatten, daß der Storch zu Fuß käme, und sie ihm mit seiner schweren Last (immerhin fast acht Pfund) das Treppensteigen ersparen wollten, war das Ehebett unten im Wohnzimmer aufgestellt worden. Ich war dabei, als Tante Karin nach einem Wochenbett von kaum fünf Tagen aufstand, um sich für die Taufe anzuziehen.

»Will Albert noch sehen, wo der Storch Tante Karin gebissen hat, als er uns Robbertchen brachte?« Sie schürzte ihr Nachthemd und zeigte mir an ihrem blanken Oberschenkel die Stelle, wo der Storch mit seiner Schnabelspitze in ein paar violetten Krickellinien seine Unterschrift geleistet hatte, um die Übergabe zu bestätigen. Wenn ich bleich um die Nase wurde, so war das meine Art zu zeigen, wie unbegreiflich schön ich die Welt und die Natur konstruiert fand.

»Schnell mal 'ne saubre von oben holen«, sagte Tante Karin, nachdem sie das Baby von seiner schmutzigen Windel befreit hatte. »Albert, gibst du acht, daß er nicht runterrollt, ja?«

Robby lag völlig nackt auf der Überdecke und gar nicht so weit vom Bettrand; ich war mir meiner besonderen Pflicht feierlich bewußt. Ich ließ das Baby nicht aus den Augen. Es weinte nicht; es war, als ob es nachdächte. Plötzlich schien sich etwas in dem kleinen Körper zu spannen. Der

Rücken krümmte sich. Robby kreuzte die Füßchen, krümmte sich wie eine gepellte Garnele, und dann blitzte etwas im Sonnenlicht, das, durch die Gartentür und anderes Glas gebrochen, in Streifen über dem Bett lag. Er pinkelte sich selbst auf den Kopf.

Nach dieser Kraftanstrengung blieb es für einen Moment still. Robby rührte sich nicht. Farbloser Urin tropfte ihm über die Ohren, kullerte über die Wangen. Dann ging das Geschrei los. Sofort kamen die Frauen ins Zimmer gerannt. Meine Mutter, Robbys Oma, eine erst halb angezogene Tante Karin, ihre Schwester Irene ... alle.

»Er ist ja ganz naß! Wieso ist er auf einmal so naß? – Albert?«

Letzteres in strengem Ton. Vielleicht glaubten sie, ich hätte auf ihn gepinkelt. Ich hielt den Mund. Wie hätte ich auch Worte für das Wunder finden können, dessen Zeuge ich gewesen war?

Der Rest war ein Haufen Schnickschnack, ein Nachspielen – in Kostümen – der nackten Zeremonie, die sich bereits vor meinen Augen vollzogen hatte. Das Taufkissen, auf dem Robby zum Taufbecken getragen wurde, sein Taufkleid – es war eine einzige verlogene Maskerade. Das Baby schrie, wie es sich für ein Neugeborenes nach dem Empfang des Taufwassers geziemt. Vom offiziellen Taufwasser würde es bestimmt nicht lauter schreien, ebensowenig wie von dem Salz auf der Zunge. Sein Geschrei war nur eine Antwort auf das, was er sich selbst verabreicht hatte, Wasser und Salz, und darin konnte keiner ihn überbieten. Er hatte sich selbst getauft.

(Die Verwandtschaft wollte nichts lieber glauben, als daß Robert seine ganze Kraft und Ausdauer aus dem Lebertran schöpfte. »Flaschenweise nimmt er das Zeug«, berichtete Tante Karin. In der Tat, aber nicht zur inneren Anwendung, Tante Karin. Als mein Vater und ich sie einmal besuchten, trafen wir Onkel Robert auf dem Hinterhof, wo er dem mit Lebertran frisch geölten Rennradsattel mittels einer Nudelrolle zu größerer Geschmeidigkeit verhalf. »Der Lebertran, der is nur gut für sein' Arsch«, hörte ich meinen Vater später zu Onkel Egbert sagen. Daß für die innerlich anzuwendenden Mittelchen ein befreundeter belgischer Apotheker sorgte, kam erst später heraus.)
Von seinem ersten Geburtstag an – er hatte damals noch Locken – erschien auch Robby an der Rennstrecke, außer zu den Zeiten, da seine Mutter, die sich als äußerst fruchtbar entpuppte, nach der neuerlichen Geburt eines Kindes stillen mußte und das neue Baby noch nirgendwo sonst abgeben konnte. Nach dem Rennen durfte Robby,

von seinem Vater festgehalten und geschoben, mit seinem Donald-Duck-Windelpopo auf dem schmalen Sattel sitzen. Doch *sah* Robert seinen Sohn auch? Der Rennfahrer war noch völlig in Trance, und große Wut schien in ihm zu stecken – nicht so sehr gegen seine Konkurrenten, nein, allgemeiner. Er sah durch uns hindurch, auch durch Karin und den kleinen Robby. Seinen unsteten Augen, dem Rucken und Zucken der Gliedmaßen, dem keuchenden Atem war anzusehen und anzuhören, daß die entscheidenden Momente des Rennens in einem fort rekapituliert, korrigiert, analysiert wurden.
Robby dagegen wollte seinen Vater sehen, das war zu merken. Auch wenn er ihn wenig zu Gesicht bekam – als er laufen lernte, hatte er das Ungestüm des Vaters bereits in den Kinderbeinen. Später spuckte er auf den Boden wie die Rennfahrer und schneuzte sich die Nase wie sie. Er lernte die tollsten Flüche von ihnen. Von seinen Onkeln übernahm er die anspornenden Rufe.
»Durchhalten, Rob!« konnte man ihn mit seiner Kinderstimme rufen hören.
»Dranbleiben jetzt!«
»Du liegst keine hundert Meter zurück!«
Vergebliches Geschrei. Keines der ohnehin schon durch Anstrengung und Geschwindigkeit bis zur Unkenntlichkeit verzerrten Gesichter zeigte auch

nur die leiseste Spur des Erkennens. Den Vater, der sein Held war, bekam Robby nicht zu Gesicht. Der verfloß in dem Aquarell durchgeschwitzter Trikots, verflüchtigte sich im Kampferspiritusgeruch. Robbys Rufe gingen in dem Windschwall verloren, der jeder Pulk ist.
Nach dem Rennen erschien nicht der Mann, dem Robby zugerufen hatte. Es war jemand anders, ausgewrungen, blutig. Jemand, der zu schnell gefahren war. Jemand, der nicht schnell genug gefahren war.

Ich hatte ihn noch einmal bei uns zu Hause getroffen, als er mit meiner Mutter, der er seine Ladenhüter anzudrehen hoffte, Kaffee trank. »Ne Lederhose, ist das nix für dich, Albert?« Schon früher hatte meine Mutter zu erzählen gewußt – sie hatte es aus erster Hand, von Tante Karin –, daß »was faul war« mit dieser Handelsvertretung und daß »Robert es nicht schaffte«. »Er ist zu lasch, wenn's drum geht, die Leute zum Zahlen zu kriegen.« Sein Auftraggeber setzte ihn unter Druck und hatte ihn obendrein schon ein paarmal ungenauer Abrechnungen bezichtigt.
Ich hoffte, Onkel Robert würde noch mal mit dem Finger andeuten, wie der heiße Kaffee hinunterfloß, aber er tat es nie wieder.

# DIE ÜBERFÜHRUNG

*Das Sich-Umsehen mit dem einen Auge – ob womöglich noch einer hinter ihm fuhr oder ob das Feld, das fast eine ganze Runde vor ihm lag, ihn zu überrunden drohte – wurde ihm immer mehr zur zweiten Natur.*

Das Gefahrendreieck

Viel kapierte ich nicht von den Leuten und dem ganzen Brimborium mit Ringen und Jaworten und ihrer Heiraterei und »gesegneten Elternschaft« oder wie das heißt. Wie hatten sie mich ausstaffiert damals – ein Anzug mit Schwalbenschwanz, samt Stock und Zylinder und der Unterhose verkehrt herum an, alles wegen des schönsten Tags im Leben von zwei, nein, vier oder noch mehr Menschen. Und ach! Was für eine süß-*tragische* Hochzeit auch noch, fünfzig Prozent der Bräute zu hundert Prozent unfruchtbar! Das bedeutete: noch mehr aufrichtige, uneigennützige Liebe – eine Liebe, die sich ganz allein, ohne den Segen einer Kinderschar, behaupten mußte. Aus eigener Kraft, in guten wie in schlechten Zeiten, Halleluja, da kommt die Braut.

Im Laufe der Jahre ist mir übrigens aufgefallen,

wie viele Frauen schon als Mädchen nach einem von einem Ast abgefangenen Sturz vom Baum angeblich unfruchtbar geworden waren. Okay, ich war fünfzehn und hatte folglich nichts als Schweinkram im Sinn, aber das bedeutete meiner Meinung nach doch, daß Mädchen beim Fallen – Baum hin, Baum her, Ast hin, Ast her – *immer* die Beine breit machten; vielleicht durfte man deswegen auf einer Treppe nie hinter ihnen gehen, denn dann könnte man womöglich selbst zum Unglücksast werden. Oder hatte meist doch noch etwas ganz anderes dahinter gesteckt, eine viel größere Hinterfotzigkeit, und hatte dieser Baum beim Unfruchtbarwerden dieselbe Funktion wie der berüchtigte Kugelblitz, wenn ein Baby »zu früh« auf die Welt kam? Nun hatten Bäume ja tatsächlich sehr viele störende Äste, wie ich als ehemaliger Klettermaxe zugeben mußte, und genauso konnte man sich bei einem Feuerball, zumal wenn es dazu auch noch so richtig donnerte, saumäßig in die Hose machen. (»Weißt du, was auch noch möglich ist?« sollte Robby Jahre später sagen, als ich ihm mit etwa diesen Worten die Unmöglichkeit seiner Existenz unter die Nase rieb. »'n Blitz in 'nem Baum. Gibt garantiert 'n Blitzabgang. Und dann taub wie 'ne Nuß bis zum Sankt Nimmerleinstag. Du darfst die Dinge nicht halb sehen, Albert.«)

Jedenfalls hatte Tante Karin trotz dieses Baums und vermutlich ohne die Hilfe von Kugelblitzen Onkel Robert vier Kinder geschenkt; ein fünftes war unterwegs, aber das war nicht von ihm. »Sie liegen in Scheidung«, hörte ich regelmäßig in der Verwandtschaft flüstern, aber so weit sollte es nie kommen. Als der Helle Henny, wie der Vater des fünften Kindes genannt wurde, aus dem Gefängnis entlassen wurde und die Liebschaft aufs neue begann, suchte sich Robert nach einigem Hin und Her eine Pension in Eindhoven. Mit seinem Auftraggeber bekam er sich, wie zu erwarten war, des Geldes wegen in die Wolle; er ließ die Ladenhüter Ladenhüter sein und klopfte wieder bei Philips an. Robert bemühte sich um einen Job in der Nachtschicht und bekam ihn auch, was ihm die Möglichkeit gab, öfter tagsüber zu trainieren – wenngleich er auf die Tour, mit durchschnittlich fünf Stunden Schlaf pro Tag, nicht gerade fitter wurde.

Als mein Vater vierzig wurde, schaute Robert unerwartet rein, um seinem Bruder zu gratulieren. Er hatte seine Butterbrotdose dabei, denn er mußte »gleich auf Schicht«. Er trank reichlich viel für jemand, der nachts noch arbeiten mußte und außerdem am nächsten Tag ein paar Stunden trainieren wollte. Nachdem die Toastbrote alle waren, gestand Robert, er habe noch Appetit; er

holte seine Dose vom Rad und kramte ein längliches Stück Käse hervor. An der Schnittfläche war es quadratisch und sehr bleich; ganz junger Käse anscheinend.
»Seht mal«, rief er lachend (was er sonst nie tat, und vielleicht wirkte es daher so traurig), »hab ich nich 'ne gute Pension? Da krieg ich den Käs nicht nur aufm Brot, wie ihr seht.«
Um den Überfluß noch zu unterstreichen, hielt er den Käse senkrecht zwischen den Fingerspitzen, offenkundig in der Absicht, ihn an seinen aufgesperrten Mund zu führen und ihn, so lang und so dick, wie er war, mit einem Haps im Schlund verschwinden zu lassen. Auf halber Strecke knickte das Stück jedoch um, so schlaff war der junge Gouda, und damit war die anmutige Selbstsicherheit von Roberts Geste abrupt zu Ende. Für einen Moment war sein Lachen verschwunden, als er auf die schwabbelnde Stange in seiner Hand blickte; dann stopfte er sie doch noch ganz in den Mund.
»'ne gute Pension«, wiederholte er mit vollem Mund. »Da sorgn se gut für mich.«
Ich nahm schnell einen Schluck von meiner Cola, aber die blieb mir schmerzhaft in der Kehle stekken.

Eines Sonntagsvormittags im Mai kam Robbertchen, acht Jahre alt, ganz allein von Eindhoven nach Geldrop geradelt. »Was will das Blag hier? Es läuft bestimmt nicht gut bei denen, mit dem Hellen Henny im Haus«, sagte meine Mutter, als sie sah, daß der Steppke sein Fahrrad unter lautem Scheppern von Glocke und Rahmen an die Schuppenwand fallen ließ.

Wir bekamen nicht aus ihm raus, was er nun eigentlich wollte; es war aber klar, daß er nicht gleich wieder abzuhauen gedachte. Er blieb da, und natürlich hatte ich ihn am Hals. Es machte mich ganz nervös, denn seit einigen Monaten stand der Sonntagnachmittag für mich im Zeichen eines heimlichen Rituals, das ich gemeinsam mit meinem Freund Thjum pflegte, und dabei konnten wir niemanden gebrauchen, schon gar keine achtjährigen Kinder.

In dem einzigen Kino, das Geldrop damals noch besaß, tauchten wir für einen halben Gulden in Finsternis und Abenteuer ein, aber dafür mußten wir uns auch, wenn es im Film heiß herging, Schläge auf Kopf und Schultern vom Wohnwagenvolk (»Lumpenpack« sagte Thjum) gefallen lassen, das den größten Teil der Plätze einnahm. Das aber war nur der Vorbereitungsrausch. Wenn wir uns, vor Erregung fast zitternd, alles zu Gemüte geführt hatten, was die billigen Streifen uns an Tempo und Leidenschaft, an Fäusten und Lippen und Kugeln und Küssen und brennenden Autos zu bieten hatten, machten wir uns wie unsere Helden, die wir im Dunkeln zurückließen, auf, um selber die Glut des Heldentums und der Stärke einzusaugen.

Per Zigarette.

Der Tabakladen von »Kop« van Delden neben dem Kino verkaufte sie zum Wucherpreis von fünf Cents pro Stück; für ein ganzes Päckchen reichte unser Geld nicht. Wir rauchten unsere Zigarette und manchmal noch eine zweite in der Sackgasse zwischen Kino und Tabakladen, wobei wir den Sonntagsspaziergängern auf dem Bürgersteig der Hauptstraße den Rücken zuwandten. Das Risiko vorbeikommender Familienangehöriger brauchten wir, sollte der inhalierte Rauch tiefer als bis in die Lungen, bis ins Gedärm hinein glühen.

»Solang's nicht für Dingens ist«, sagte Kop van Delden an jenem Sonntag. Er deutete mit seinem wabbligen Doppelkinn auf Robby, der kaum über den Ladentisch schauen konnte. »Das Bürschchen ist noch viel zu klein.«

Draußen, in der Gasse, sah ich kurz darauf mit gegen den Rauch zugekniffenen Augen auf Robbys Haarwirbel, um die sich der Rauch seiner eigenen Zigarette kringelte. Thjum und ich lehnten im Schatten an der Seitenmauer des »Beverly Hills«, aber Robby stand im vollen Sonnenlicht. Er hielt es nicht für nötig, dem Sonntagspublikum den Rücken zuzukehren. Im Gegenteil. Provozierend tief inhalierend, schaute er zu den Passanten, die nicht uns beide anstaunten, wie wir gehofft hatten, sondern dieses rauchende Kind mit seinem Stiftekopp. Ein Achtjähriger, der große Rauchwolken ausstieß, röchelte, spuckte und fluchte wie ein Alter und sich mit dem Daumen die Rauchtränen aus den Augenwinkeln wischte.

Seitdem kam Robby jeden Sonntag – zum spürbaren Mißfallen Thjums, der unsere Zweisamkeit beeinträchtigt sah, aber nichts sagte, weil der Kleine von seinem hellen Stiefvater immer reichlich Taschengeld mitbekam und damit sehr freigebig war. Ich selbst konnte mich gar nicht sattsehen an diesem bösen Kinderkopf mit den unschuldigen kleinen Ohren und den weißgoldenen Wirbeln, die sich noch seltsamer zu kringeln schienen, wenn die Sonne durch den sich kräuselnden Rauch darauf schien.

Tante Karin besuchte zusammen mit Robby und den Kleinen (aber ohne den Hellen Henny) weiterhin treu die Rennen, sogar in Flandern. Ich kam nur noch höchst selten mit. Sport war nichts für mich; es paßte schlecht zu meiner Trägheit. Wenn ich hinging, dann nur, um auf meinen Alten aufzupassen, der hinterher immer Durst hatte – übrigens auch schon oft auf dem Hinweg.

Jedenfalls war ich nicht mehr so blöd, nach jeder Runde Onkel Robert etwas zuzurufen. Ich war vierzehn, schon fast fünfzehn. Sogar Robby schrie seinem Vater kaum noch etwas Anspornendes zu. Es hatte auch keinen Sinn. Nichts mehr konnte Roberts Zurückfallen – durchschnittlich zwei, bald danach drei Kopflängen pro Woche – ans Ende des Felds aufhalten, auch nicht die pharmazeutischen Gefälligkeiten seines flämischen Apothekerfreunds. Robert wurde zu alt. Er war über dreißig und sprang ziemlich ruppig mit seiner Kondition um.

Onkel Robert, so schien es, geriet jetzt erst nach dem Rennen in Begeisterung, egal wie beschissen es für ihn gelaufen war, wenn er Robby etwas über Ausreißversuche, über die Vorteile der Fächerformation und darüber erzählte, wie er Papas Patzer an diesem Nachmittag hätte vermeiden können. Es war kein Spiel, es war eine Lektion auf Leben und Tod, das sah man sofort. Robert gab die Botschaft der Geschwindigkeit an seinen neunjährigen Sohn weiter. Schneller. Besser. Schräger in der Kurve.

Die Notwendigkeit, sein Wissen weiterzugeben, machte Robert weniger schweigsam. Er sprach mit größter Eindringlichkeit auf Robby ein, wollte nicht so schnell wieder verschwinden, um sich den Schweiß vom Körper zu spülen, und wurde so etwas sichtbarer, als wir es von ihm gewohnt waren. Robby hörte mit einer Art wütender Aufmerksamkeit zu und verzog dabei das Gesicht zu der bösen, angespannten Miene, mit der sein Vater früher, in seinen besten Zeiten, vom Finish kam. Sie sahen sich nicht an, oder höchstens mit dem denkbar kürzesten Blick, nicht mehr als ein Anticken der Pupillen. Nie war ein Lächeln drin, bei keinem von beiden. Man spürte, daß sie einander in dieser überreizten Gemeinsamkeit fast zuviel waren, Robert Egberts Senior und Junior.
Onkel Robert hatte sich immer mit einem, wie er es nannte, »Fahrrad von der Stange« begnügen müssen – erst einem, das sich als »zu leicht« erwies und dadurch zu »flattern« begann, dann einem, dessen Rahmen angesichts der Stöße, die jede Unebenheit der Straße an den Hintern weitergab, »zu steif« war und außerdem »etwas zu lang« und damit »weniger wendig«; und schließlich, als bei diesem durch einen Sturz das Steuerrohr brach und die Tretkurbel sich verbog (»eigentlich war sein ganzes Kettenblatt im Arsch«), hatte er ein Rad mit einem TI/Reynolds-Rahmen

bestellt, aber es war »Konfektionsware« geblieben. Und wenn Robert in seiner Freizeit ganze Stadtviertel mit Fernsehantennen ausstatten müßte, Robby sollte von ihm ein Fahrrad nach Maß bekommen, mit einer Zehn-, nein Zwölfgangschaltung und Mittelzugbremsen, aber hallo.

Sogar in ihren Untergang, so schien es, stürzten Robert Egberts und die Seinen sich mit unbändiger Energie. Die Vitalität blieb unter dem Strich die gleiche; sie hüllte sich nur in ein anderes Gewand: das des Pechs.

Strahlende Ausnahme vom Niedergang dieser Familie war Robby, dem alles glückte. Bei seinem Debüt als Nachwuchsfahrer legte er die Strecke noch im Pulk zurück, aber drei Wochen später kam er bei der Sechs-Dörfer-Rundfahrt bereits auf den zweiten Platz. Weitere drei Wochen darauf errang er seinen ersten Sieg.

Gleich im ersten Winter seiner Rennkarriere, noch kaum geübt im Querfeldeinfahren, wurde er bereits Dritter beim Kamperlandcross.

Kurz nach seinem Debüt bei den Nachwuchsfahrern landete Robby auf Platz zwei bei der Süd-Rundfahrt, einem fast hundert Kilometer langen Klassiker. Entgegen allen Regeln fuhr er als Neuling sogar in Belgien mit. (Er tat immer sehr geheimnisvoll bei der Frage, wie er zum erforderlichen Stempel auf seiner Lizenz gekommen sei. Später hörte ich von Tante Karin, daß er sich auf Drängen seines Vaters bei jemandem vom belgischen Radrennverband als Einwohner von Zeeuws-Vlaanderen ausgegeben hatte, samt nachgeahmtem Akzent und so.) Robby war sehr stolz auf seinen Sieg in Damme während einer Hitzewelle, wenngleich er verschwieg, daß nur neunzehn Fahrer an den Start gegangen waren.

Zu seinen schönsten Erfolgen als Amateur gehörte ein Jahr später der zweite Platz beim Viking-Rennen auf der Insel Man; darauf war er stolzer als auf seinen Sieg in der vierten Etappe der Tour d'Olympia im selben Jahr …

Doch stets wartete hinter der Ziellinie das mißmutige Gesicht seines Vaters. Nie ein Kompliment, nie ein aufmunterndes Wort. Sein eines starres Auge wollte nur sehen, was schiefgegangen war, wie es besser hätte laufen können. Schneller, anders. Der Sieg, der Beinahesieg, der fünfte, vierte Platz – alles Nebensache im Vergleich zu dem, was noch zu holen war. Robert redete auf seinen Sohn ein, Robby hörte sich seines Vaters Wortsalven an; und ich sah, wie ihre Blikke dabei abschweiften, zurückkehrten und, nachdem sie beim Treffen zusammengezuckt waren, wieder wegschossen. Zwei Persönlichkeiten, die

sich gegenseitig immer wieder abstießen – wie nach einem Schlag. Doch es waren Schläge wie auf einen Amboß, und auch wenn es unwillentlich geschah: Da wurde eher etwas zusammengeschmiedet als entfesselt.
Dahinter verbarg sich natürlich Roberts größtes Kompliment: daß es besser gehe, cleverer, und vor allem schneller; dies alles sei erst der Anfang. Aber begriff Robby das Kompliment auch?
Oh nein, es war nicht einfach das alte Lied vom Vater, der sein eigenes Versagen im Sohn kompensiert sehen will. Robby hatte seinen Alten mit seinen Leistungen längst übertroffen, das war's nicht. Aber Robert verlor die Relationen aus dem Auge, und Robby infolgedessen auch. (Später, als Robby alles auf eigene Faust machte, hieß es über Robert in der Verwandtschaft: »Verrückt? Krank? Ihm fehlt nur eines. Er leidet an seinem Sohn, das ist es. Der Deibel wird noch sein Tod.« Aber unerklärlicherweise litt Robert an seinem Sohn schon damals, auf den Strecken der für Robby so erfolgreichen »Klassiker«.)
Die Geschwindigkeit, zu der Robert seinen Sohn eher mit Hilfe einer Art hypnotischer Kraft denn durch Worte antrieb, war nicht zu erreichen; es gab sie höchstens als Idee. Dennoch verrannte Robby sich völlig in diese Idee, und vor seinen Augen verwandelte sich sein schlankes japani-

sches Maßrad – ein Tange – in etwas ungeschlacht Plumpes, ein träges Vehikel (was noch mehr für sein Cross-Rad mit dem massiven Hinterrad galt.)

Nachdem es aus war mit dem sonntäglichen Rauchen, fand Robby noch *ein* Mal den Weg in mein Elternhaus: als er beim Training nicht weit von unserem Haus einen Platten bekam. Ich verbrachte die Osterferien bei meinen Eltern, und als ich in die Küche kam, kniete mein Vetter im Trainingsanzug vor einem Rad. Auf der Matte lag, zweifellos von meiner Mutter ausgebreitet, eine Schicht Zeitungen. Ich blickte auf seinen gebeugten Kopf hinunter, weniger kurz geschnitten als früher, und sah, daß Gegenwind sein Haar zerzaust hatte, ohne seine Wirbel unsichtbar zu machen.

»Hallo, Robby, wie geht's? Kaputter Reifen, was?«

»Kaputter Schlauch.«

Es klang gereizt, und nach kurzem Zuschauen begriff ich, warum. Das Reparieren eines Schlauchs war wesentlich komplizierter als das Kleben eines normalen Reifens. Robby hatte die undichte Stelle aufgespürt und versuchte jetzt, das Band, mit dem der Schlauch zugenäht war, abzureißen.

»He, laß doch die Rumglotzerei, Mann!«
Ich ging ins Wohnzimmer, wo meine Mutter schon mit dem Teewärmer bereitsaß. »Gleich gibt's 'ne schöne Totze Tee.«
»Totze« für Tasse – es war die einzige verbale Frivolität, die sie sich in ihrem Leben je erlaubt hat und dann auch nur in fröhlicher Stimmung, also höchst selten.
»Sollen wir mit dem Tee warten, bis Robby fertig ist?«
Als Robby mit seinen dreckigen Pratzen endlich ins Wohnzimmer kam, sah ich erst, wie groß und breit er geworden war, und das als Sproß einer Familie kleinwüchsiger Menschen, Bastardnachkömmlingen spanischer Soldaten aus dem Achtzigjährigen Krieg. Ich hatte gerade mit dem Studium begonnen, und das durfte ich ruhig mal ansprechen, meinte ich.
»Mein Gott, Robby, wo willst du denn noch hinwachsen? Ich habe neulich einen Artikel gelesen, wonach Kinder, die in den sechziger Jahren herangewachsen sind, immer größer werden. Durch bessere Ernährung, Verhätschelung ... Sport ... Reichlich optimistisch, natürlich. Und ich habe einen anderen Artikel gelesen, der war wesentlich weniger optimistisch. Über die Zunahme der Weltbevölkerung. Die drohende Übervölkerung. Bekanntes Problem. Warum dann dieses lyrische

Getue über länger werdende Knochen, wachsende Schädel? Oder anders ausgedrückt, was ist so witzig daran, daß die neuen Menschen jeweils auch noch *mehr Raum* einnehmen? Auf diese Weise quetschen sie sich bald noch zu Tode. Die Welt ein Fußballstadion.«

»Mahlzeit allerseits«, lautete Robbys einfache Antwort. »Gib mir mal 'ne Tasse Tee, Tante Han.«

Meine Mutter schenkte ihm die Tasse voll. Sie gratulierte ihm zu seinem letzten Triumph – einem sechsten Platz bei, meine ich, der Vierflüsse-Rundfahrt. Sie hatte es aus der Zeitung. Robby zuckte mit den Achseln. Es mache ihm nicht mehr viel Spaß, dieses Gestrampel. Man habe ihm angeboten, in der Amateurmannschaft von Tricot-Double zu fahren – eine große Ehre in seinem Alter –, aber Robby war sich noch nicht im klaren, ob er es tun sollte. Er brummelte so was wie »Sport von Anno dazumal«, »was für Weiber mit Knubbelknien«, und: »Nix für die Zukunft«. Er persönlich verspreche sich mehr vom Motorsport. Er habe da auch schon mal reingerochen. Er könne »fast an nix andres mehr denken«.

»Robby, denk bloß an deine Nieren!« rief meine Mutter. »Eh du dich's versiehst, ist eine am Wandern.«

»Schrei doch nicht so, Tante Han, dazu hab ich

meine Mutter. *Die Wandernde Niere*, Albert, is das nich irgendson Buch, wie *Der Fliegende Holländer* oder so? Och, Tante Han, ich hab'n Gürtel, bestimmt 'nen halben Meter breit. So'n Ding hättn Gorilla gern als Korsett. Bei mir fängt bestimmt nix an zu wandern oder zu laufen, wenn ichs nich selber will.«
Meine Mutter knipste den Verschluß des Teewärmers auf und nahm die Kanne heraus. Wahrscheinlich übermütig geworden durch Robbys rauhe Sprüche, zog sie verwegen das einzige Register eigener leichtsinniger Ausdrucksweise, was sie bisher in Gegenwart von Fremden noch nie getan hatte.
»Robby, noch eine Totze Tee?« fragte sie neckisch und fuhr fort: »Ja, Robby, manchmal sagen wir Totze zu Tasse.«
Für diese Leichtsinnigkeit strafte sie sich selbst symbolisch, indem sie ihre oberen Schneidezähne in die Unterlippe grub, ohne indes verhindern zu können, daß ihre nach unten gezogenen Mundwinkel belustigt zitterten.
»Wenn Tasse Totze is«, sagte Robby gelangweilt – gleichgültig und doch höhnisch direkt, »wie sagt ihr dann zu Flasche?«
Ein ungeheuerliches Wort schwirrte durchs Zimmer. »Aber Robby!« Als wäre es ihr nach dem ersten Blindflug direktemang in den Mund geflo-

gen, schlug sie die Hand auf die Lippen und ließ sie da, mit angehaltenem Atem. Über der Hand weiteten sich ihre Augen vor Entsetzen.

Mama hatte einen Großteil ihres arbeitsreichen Lebens darauf verwandt, sowohl bei sich selbst als auch bei ihren Kindern obszöne Ausdrücke hinter Schloß und Riegel zu halten, und ganz besonders *dieses* Wort. Sie war eine gewissenhafte Wärterin gewesen. Und nun hatte sie in einem unbedachten Moment den Schlüssel preisgegeben. Sie hatte das Wort selbst ausgesprochen, indirekt, mittels der Zunge eines anderen, ausgerechnet eines grausamen Jugendlichen. In all seiner derben Direktheit hatte man es zu ihr zurückgespien.

An den Bewegungen ihres Kehlkopfs war zu erkennen, daß sie versuchte das Wort hinunterzuschlucken, in seinen Kerker zurückzustopfen, aus dem es nie hätte entwischen dürfen, nicht mal durch die List des Versprechers.

Erst als wir am Fenster standen und zusahen, wie Robby mit erhobenem Hintern wegfuhr, fand meine Mutter ihre Stimme wieder. »Oh, wie schrecklich. Dieser Schweinigel kommt mir nicht mehr ins Haus.«

Sie brauchte ihre Tür vor Robby nie zu verschließen, denn es war sein letzter Besuch, falls man es überhaupt so nennen konnte. Übrigens habe ich meine Mutter die tägliche Tasse Tee nie wieder bei ihrem Kosenamen nennen hören.

Aus dieser Zeit stammen auch die ersten Gerüchte über kleine Delikte, mit denen Robby angeblich seine Geschwindigkeitsmanie finanzierte. Von einem Vetter hörte ich, daß er, ob nach dem Vorbild seines Stiefvaters oder nicht, mit gestohlenen Schallplatten handelte. Bei seinem Musiklehrer an der Berufsfachschule war er damit aufgeflogen: Die für zweieinhalb Gulden pro Stück angebotenen LPs mit Klavierkonzerten von Tschaikowsky entpuppten sich als »falsch«.
»Ja, was kannste von eim erwarten, der schon son Namen hat«, hatte Robby zu seinem Musiklehrer gesagt. »Da kann ich doch nix für. Wer so heißt ...«
Der Vetter, der zu wissen glaubte, daß ich klassische Musik liebte, zeigte mir Robbys Angebotsliste. Darauf war der Name des Tondichters konsequent so geschrieben: *Scheiskowski.*

Als der Helle Henny nach Verbüßung seiner x-ten Strafe keine Lust mehr zeigte, noch mehr Kinder in die Welt zu setzen, und sich nicht mehr blicken ließ, war es Robert, der in die Tulpstraat zurückkehrte. Karin wollte ihn nicht mehr haben, zumindest nicht mehr für ganz, doch Robert

luchste der Gemeindeverwaltung Eindhoven die Erlaubnis ab, in einer von Straßenbauarbeitern zurückgelassenen Baubude wohnen zu dürfen, direkt vor der Tür seiner Frau.
Roberts Freundschaft mit dem flämischen Apotheker war noch immer herzlich, und er bekam von dem Mann, was er wollte. Tante Karin hat den Namen des Mittels nie erfahren, das ihn, oft mehrmals am Tag, mit einer Ausrede an ihre Hintertür trieb, um ihre Trennung von Tisch und Bett kurzerhand aufzuheben; was es auch war, Pille oder Ampulle, es machte ihn ebenso geil wie unersättlich. Er schluckte alles und brachte jeden zum Schlucken – außer Robby, der zusehen mußte, wie er aus eigener Kraft klarkam. (Im Küchenschrank meiner Mutter fand ich einmal Ampullen, gefüllt mit einer dunkelbraunen Flüssigkeit. »Ja, die hat Onkel Robert mir gegeben«, erklärte sie. »Knallvoll mit Eisen, hat er gesagt. Reinem Eisen. Also, ich faß die lieber nicht an.«) Es dauerte nicht lang, da betrieb Robert in seiner Gemeindebude einen schwunghaften Pillenhandel, alles belgischer Import.
Eines Abends – Robert lag bereits in seinem schmalen Bett auf dem Holzfußboden – kam ein Kunde, bei dem die Mittel nicht gut genug (oder zu gut) gewirkt hatten, und verpaßte ihm ein paar Messerstiche. Es kostete Robert eine Menge

Überredungskunst und Blut, bis Karin bereit war, ihm die Hintertür zu öffnen und, bis professionelle Hilfe eintraf, seine Wunden mit sauberen Geschirrtüchern zu verbinden.

Aschermittwoch '72 kam Robby, noch keine siebzehn Jahre alt, zum erstenmal in die Zeitungen, zwar noch nicht als Held, aber sozusagen als dessen Sekundant.

An Karneval fuhren in Eindhoven nachts immer zusätzliche Busse, um Nachtschwärmer von der Innenstadt in die Außenbezirke zu bringen. Robby und seine beiden Freunde erwischten an diesem Faschingsabend, weit nach Mitternacht, gerade so eben den letzten Bus, hatten aber noch nicht genug vom Feiern. In Eindhoven hatte es sich unter den Karnevalsfahrgästen eingebürgert, die Notausstiegsluke dieses ›Lumpensammlers‹ zu öffnen und aufs Dach zu klettern, um während der Fahrt »die heißen Köppe mal ordentlich abzukühlen«. Robby war niemand, der mit solch einer tollen Tradition gebrochen hätte. Also hockten die drei, von anderen Fahrgästen angefeuert, nach einiger Akrobatik auf dem Dach und klammerten sich am Lukenrand fest.

Hatte der Busfahrer etwas gemerkt und wollte er den Rowdies eine Lektion erteilen? Der Bus schien auf einmal viel schneller zu fahren, aber

das stachelte Robby nur an, das Röhren des Motors mit den Worten zu übertönen: »Und jetzt hinstellen, Himmel, Arsch und Zwirn!«
Sich gegenseitig an den Schultern haltend, richteten sie sich schwankend auf. »Festhalten! Nicht loslassen!« Und so standen sie da, im Kreis: ein Gangster, ein Indianer und ein Hofnarr. Die höchste Bruderschaft.
»Runter!« Robby, der in der schneidenden Kälte in Fahrtrichtung stand, hatte die niedrige Überführung rechtzeitig gesehen. »Bücken!« Er zog seine Freunde an den Armen hinunter. »Hinlegen!« Doch der Hofnarr, der offenbar auf den Eisengeschmack der beißenden Kälte gekommen war, wollte es nicht verstehen und riß sich los. Einen Moment lang stand er mit flatterndem Wams und bimmelnder Narrenkappe da, bevor er von der Überführung vom Bus gefegt wurde und auf den Asphalt schlug. Tot.

*Als Junge hatte Albert einmal auf der Rennstrekke gehört, wie Roberts Frau zu ihrem äußerst soliden Schwager Hubert sagte: »Dich wollt ich nich als Mann ... Du wärst mir nich scharf genug. So isses.«*
*Auch als Albert später begriff, daß »scharf« hier in der Bedeutung* heiß, geil *benutzt wurde, behielt das Wort etwas Doppeldeutiges für ihn. »Nicht scharf genug.« An diese Worte mußte Albert denken, nachdem er gehört hatte, daß sein Onkel, jetzt völlig durchgedreht, daheim alles kurz und klein geschlagen hatte, inklusive seiner Frau, und in die Psychiatrie eingeliefert worden war (aus der er übrigens bald wieder ausbrach, indem er in den Schloßgraben sprang). Jetzt, von Medikamenten benommen, wurde er von seinem sechzehnjährigen Sohn über den Friedhof geschleift, der als Stuntnummer mit umgebauten VWs Gräben übersprang.*

Das Gefahrendreieck

Dieser Manteldieb in Den Bosch war ein ziemlicher Schlappschwanz. Kaum hatte ich ihn unter Druck gesetzt (reiner Bluff, nicht der Rede wert), da sang er schon und fing um ein Haar auch noch

zu heulen an. Er habe die Mäntel im Auftrag gestohlen.
»Im Auftrag von wem?«
»Von einem Hehler in Helmond. Der hatte 'ne große Klappe, aber meiner Meinung nach war's nichts weiter als so ein billiger Lumpen-Jakob.«
»Das wird sich rausstellen. Adresse?«
Die Transaktion hatte »auf so 'ner Art Autofriedhof« am Helmonder Kanal stattgefunden, »gleich neben dem Lager« (er meinte das dortige Wohnwagengelände), »oder vielleicht war's auch so 'ne Art Crossgelände«; jedenfalls wurde da an Autos rumgebastelt. Kein großes Licht, der Klamottendieb aus Den Bosch, aber ich ließ es gut sein.
Am nächsten Wochenende, als ich mit meiner schmutzigen Wäsche – aber noch immer ohne Mantel – bei meinen Eltern aufkreuzte, bat ich am Samstagnachmittag meinen Vater, mich mit dem Auto zum beschriebenen Ort zu bringen. Ich stieg in der Nähe des Wohnwagengeländes aus und sagte, ich würde mit dem Bus nach Hause kommen. Autos gab es da genug, durchschnittlich zwei pro Wohnwagen, Riesenkisten, und auch an Schrottkarren fehlte es nicht (eigentlich ist jedes Wohnwagengelände ein bewohnter Autofriedhof), aber was konnte der Typ aus Den Bosch mit »'ner Art Crossgelände« gemeint haben?

Ich folgte eine Weile dem Kanal in Richtung Helmond. Nach ein paar hundert Metern sah ich rings um eine kleine Scheune Autos stehen, alte und neue. Als ich näher kam, stellte ich fest, daß es sich bei den alten Modellen um glanzlose Wracks handelte, während die anderen, den frischen Schlammspritzern nach zu urteilen, noch in Gebrauch sein mußten. Hinter der Scheune (oder dem Schuppen) hörte ich einen Motor röhren. Das Geräusch übertrug sich über den Erdboden und vibrierte angenehm unter meinen Fußsohlen. Ich ging um das kleine Gebäude herum. Auch dort Wracks alter Amischlitten, vier an der Zahl, hier jedoch akkurat nebeneinander gestellt, Seite an Seite, nicht weit vom Kanal. Unmittelbar neben einem der äußeren Autos befand sich, anscheinend fest in der Erde verankert, eine frisch gezimmerte Holzrampe, deren Schräge mit einem an altmodische Waschbretter erinnernden Material verkleidet war. Ein paar Männer standen um einen Motorradfahrer herum. Sie schrien durch das Geknatter der jetzt im Leerlauf drehenden Maschine, aber ich konnte nicht verstehen, was sie sagten. Instruktionen, danach klang es. Es war eine Rennmaschine; der Mann im Sattel trug eine Lederkombination mit Schulterpolstern wie bei einem Eishockeyspieler. Er hatte einen Helm auf und vor dem Gesicht ein rotes Taschentuch,

das um die Nase von einer Staubbrille gehalten wurde. Die anderen liefen mit erhobener Hand weg, als ob sie plötzlich alle gleichzeitig Abschied von dem Motorradfahrer genommen hätten, der mit Vollgas hinter einem Vorhang aufgeworfener Erde in Richtung Helmond davonfuhr.
Keine hundert Meter weiter verließ er den Weg am Kanal und kam im großen Bogen, immer schneller werdend, über das unebene Gelände zurück. Das Motorrad schoß geradewegs auf die Holzrampe zu, die es im nächsten Moment mit der lässigen Treffsicherheit, mit der ein Streichholzkopf an die Zündfläche geschlagen wird, hinaufraste. In dem Augenblick, in dem sich das Hinterrad von der Rampe löste, richtete sich der Mann auf und flog, auf den Fußrasten stehend, das Vorderrad nach oben hebend, samt seinem Motorrad über die verbeulten Autodächer hinweg. Ein grüner Schal flatterte aus seinem Kragen.
Beim Auftreffen mußte die Maschine, die tief durchfederte, wegen der Nähe des Kanals sofort eine scharfe Kehre nach rechts machen. Beim Herumschleudern warf das Hinterrad eine Fontäne feuchter Erde auf, die bereits frühere Sprünge aufgewühlt hatten.
Der Stunt wurde noch einmal wiederholt, auf die gleiche Weise und mit dem gleichen Resultat.

Doch sofort nachdem er gerade noch die Kurve vor dem Kanalwasser geschafft hatte, stieg der Mann ab und hockte sich neben die Maschine, wobei er die Staubbrille hochschob, um besser zu sehen, was nicht in Ordnung war. Zwei der Männer, die aus einiger Entfernung zugeschaut hatten, gingen zu ihm. Nach einigem Herumgebastel und ein paar ungezielten Tritten schob der Stuntman die Maschine zu einem offenen Unterstand neben dem Schuppen. Als er an mir vorbeikam, zog er das Taschentuch runter, das ihm um den Hals hängenblieb. Wegen der Schmutzstreifen in seinem Gesicht erkannte ich ihn nicht gleich.

»Robby …?«

»Ach, du meine Fresse: Professor Albert. Hast dich verlaufen?«

»Merkwürdige Sprünge machst du neuerdings.«

»Pah, das is noch gar nichts. Als nächstes zünden wir die ollen Schlitten an.«

»Und dann fliegst du durchs Feuer. In einem Asbestsmoking.«

»Wie haste das geraten? Eine paffen ohne Streichholz, so nennen wir das in Fachkreisen.«

»Und wenn deine Fluppe beim Landen nicht brennt, biste zu hoch geflogen.«

»Yeah. Das ist link. Immer fair bleiben. Man fährt haarscharf *über* die Dächer.« Robby stellte das

Motorrad unter das Dach neben eine Werkbank voller fettiger Werkzeuge und schwarzer Putzlumpen. Er setzte den Helm ab. Seine Haare waren zu lang, als daß man die Wirbel von früher hätte wiederfinden können. Das Widerborstige war bei ihm längst auf andere Weise zu Tage getreten.

»Was andres. Bist du in die Fußstapfen von deinem Vater getreten, Robby?«

»Hoffentlich nicht. Der kriegt kaum noch 'n Arsch innen Sattel, der Schlaffsack.«

»Ich mein die Hausiererei. Seine Ladenhüter. Du handelst momentan doch mit Mänteln?«

»In *der* Jahreszeit? Hat der Herr Professor sie noch alle? Die Leute wühlen doch schon an den Tischen mit Frühjahrskollektion rum.« (*Kollekte* sagte er, um genau zu sein – »Frühjahrskollekte«.)

Ich erzählte ihm von meinem gestohlenen Mantel.

»Hab mir schon gedacht, was will der hier, nur im Pullover, bei dem Wetter?«

Ich beschrieb meinen Mantel und kam mir wie ein Trottel vor.

»Oh, war der Fetzen von dir? Na, da hab ich nich viel von in meinem Geldbeutel gemerkt, von dem Lumpen. Hastes im Kreuz oder so von der Studiererei?«

»Nee, wieso?«

»Ich dacht, ’s isn Korsett oder so. Es hat ’ne Ewigkeit, steif wien Brett, bei mir daheim inner Ecke gestann, bevor ichs verhökert hab.«
»Was hast du dafür gekriegt?«
»Nix. Wasser Schwachkopp mir eben geben wollt. Das Ding war mir im Weg.«
Aller Ersatz war mir auf einmal schnuppe. Ich war nur noch neugierig, warum jemand sich mit solch einem anrüchigen Mantelgeschäft abgab. Ich fragte Robby. »Windiges Geschäft? Nich mal das. Wind stinkt nich.«
»Komm, wir rauchen eine am Kanal.«
Robby ging am Kanalufer in die Hocke, und ich folgte seinem Beispiel
»Nein, danke. Ich rauche nicht.«
»Was is in dich gefahrn, Professor? Von dir hab ich schließlich rauchen gelernt. Mit siebn oder acht schon. Das is ja die Höhe! Kleinen Kindern mit schlechtem Beispiel vorangehn und dann selber heimlich aufhörn ...« Er tat einen Zug, spuckte ins Wasser und blies dann erst den Rauch aus. »Seit mir klar wurd, dasses ernst war mit der Qualmerei, hab ich mir nie mehr ’ne Fluppe in die Fresse geschobn, ohne daßte dein Fett abgekriegt hast. Jedesmal ’n paar Flüche ... harmlose ... aber mitter Zeit is allerhand zusammgekommen. Genug, damitte bald abnibbelst. Kein Wunder, daßtes im Kreuz hast. Das is wohl ’s mindeste.«

Robby inhalierte, spuckte, blies. Zwischen dem Schilf tanzte ein losgerissener Schwimmer. »Ach ja, die kleinen Deals«, sagte er plötzlich in ganz anderem Ton, jetzt offensichtlich auf den Mantelraub und andere Transaktionen anspielend, »das sind halt so … Schau, ich muß fahren. Sommers und winters. Ich hab zwei Öfen. Einen fürs Gelände und einen zum Fliegen. Und dann hab ich noch so'n aufgemotztn VW, mit dem will ich mal übern Grabn springen … Alles fürn Sport. Schau, Albert, das alles zusammen … das geht ins Geld, sag ich dir.«
»Das heißt, alles für die Geschwindigkeit. Davon versteh ich nix – ich bin nur ein Laie –, aber was willst du damit eigentlich bezwecken?«
Robby lächelte. Nicht sein übliches schnödes Grinsen, nein, ein Lächeln. Er brach ein Stück von einem Schilfstengel ab und schrieb damit in die feuchte Erde:

$$E = mc^2$$

»Einstein. Wo hast du das her?«
»Hör mal gut zu. Viel isses ja nich, waste auf der Berufspenne an Physik hast, aber 'n bißchen bleibt doch hängen.«
»Schrei nicht so: Dazu hab ich meine Mutter. Erzähl mir lieber, was diese Formel mit *deiner* Geschwindigkeit zu tun hat.«

»Geht dir noch immer kein Licht auf, Professor? Was studiert der Herr Professor eigentlich?«

»Philosophie.«

»Hör mir bloß auf. Mir wird schon schlecht, wenn ich das bloß hör. Wir warn bei dieser Formel. Halt mal die Klappe und hör zu. Angenommen, ich hab 'nen frisierten VW. Is das Masse oder is das keine Masse? Masse VW. Wenn das Ding steht, is nix los. Masse Ruhe. Das ist das ›m‹ da. Gut, ich klemm mich hinters Steuer und fahr los. Bleifuß. Dann passiert was mit dem ›E‹ … mit der Energie von meim VW. Schneller bedeutet mehr ›E‹, mehr Energie. So, und was sagt unsre Rechenaufgabe hier? Die Masse wird malgenommen mit Licht im Quadrat, weil ›c‹ is die Lichtgeschwindigkeit. Also, nach Einstein und Adam Riese … wenn meine Energie steigt, wird meine Masse immer lichter. Geb ich mehr Gas, dann macht das meinen VW lichter und mich selber auch, weil ich sitz ja in der Karre drin. Am Lenkrad.«

»Stop, Robby, stop! Ich bin ja nur ein doofer Neusprachler, aber soviel weiß ich doch, daß die Masse eines Gegenstands zunimmt, wenn ihr Energie zugeführt wird. Ich kann's auch nicht ändern. Also: Je schneller das Ding fährt, desto schwerer wird es.«

»Lichter, Herr Professor.«

»Schwerer, Robby. Das kannst du mir glauben.«

»Lichter.«

»Schwerer. Das heißt, worum geht's eigentlich? Um 'nen umgebauten VW? Dann handelt es sich um so unerhebliche Geschwindigkeiten, daß ...«

»Wie bitte? Der Herr Professor hat null Ahnung von frisierten Kisten. Weißte eigentlich, wie schnell das Gerät is? Man sieht's ihm nicht an, aber ...«

»Glaub ich dir ja, Robby, wenn ich bloß nie neben dir drin hocken muß. Die Sache ist die, in dieser Einsteinschen Formel geht es um Lichtgeschwindigkeiten. Erst wenn deine Schleuder in die Nähe der Lichtgeschwindigkeit kommt, können wir von Massenzunahme sprechen ... von schwerer werden ... Über das Gewicht deines Käfers brauchst du dir nicht mal bei Vollgas Gedanken zu machen: Er wird nicht wirklich schwerer. Aber *leichter* auf keinen Fall, das geb ich dir schriftlich.«

»Erst schwerer, und jetzt wieder nicht schwerer. Siehste, du hast null Ahnung von dem, was du da laberst, Mann! Ich sach: lichter – klar wie Kloßbrühe.«

»Ich will versuchen, es dir zu erklären, du sturer Stinkstiebel. Auch wenn du mit deinem Superkäfer so schnell bist wie ein Flugzeug oder von mir aus wie ’ne Rakete – das ist der Materie wirklich piepe. Denn verglichen mit der Lichtgeschwindigkeit kriechst du noch immer so langsam wie ’ne Schnecke. Dein bißchen Autofahrerarsch wird dadurch kein Gramm schwerer. Und leichter nur insofern, als du mit solchen Stunts Kalorien verlierst. Reiß dir also kein Bein raus. Sieh mal, die haben natürlich mal mit, wie heißen die Dinger noch gleich – Teilchenbeschleuniger – rumexperimentiert. Darin werden Teilchen ... Elementarteilchen, frag mich nicht, was das ist ... auf eine Geschwindigkeit beschleunigt, die der Lichtgeschwindigkeit ziemlich nahe kommt. Schau, das ist was anderes, denn die Masse dieser Teilchen nimmt dann schon zu. Sie werden viel, viel schwerer.«

»Schwerer, gut, von mir aus. Aber auch lichter.«

»Robby, ich bitte dich! Gerade durch die Zunahme der Masse wird es immer schwieriger, so ein Teilchen – ’nen Minikäfer sozusagen – noch mehr zu beschleunigen. Lichtgeschwindigkeit erreicht es nicht, und schneller als das Licht wird es schon gar nicht. Zum Glück. Stell dir vor, daß alle Materie früher oder später an die Lichtgeschwindigkeit rankäme ... oder sie noch übertrifft. Dann würde auf die Dauer die Welt womöglich ganz in Licht aufgehen. Du kannst also froh sein, daß von uns beiden ich derjenige bin, der recht hat. Die Schwere rettet die Welt davor, sich in Licht aufzulösen, um's mal so auszudrükken.«

Letzteres – es war raus, bevor ich es überhaupt merkte – klang bei näherer Betrachtung doch ziemlich anfechtbar, nicht aber für Robby, der mit fanatisch funkelnden Augen aus der Hocke hochschnellte. »Ja, genau! So müßt es doch verdammt noch mal gehen! Auf die Tube drücken, bis man zu Licht wird!«

Da begriff ich erst, daß er mit seinem »schwerer, aber auch lichter« nicht unbedingt von einem Gegensatz sprach. Mit seinem im Eindhovener Dialekt hingeschluderten »lichter« meinte er nicht »leichter«, wie ich die ganze Zeit angenommen hatte, sondern tatsächlich »lichter, heller«. Durfte ich jemandem, der aus einem Rechenfehler noch Poesie machte, seine Illusion rauben? Durch seine dialektgefärbte Aussprache war ich bei ihm ... ja, was eigentlich auf die Spur gekommen, so was ähnlichem wie einer Heilserwartung? In reines Licht übergehen, indem man einfach die nötige Geschwindigkeit entwickelt?

Ich korrigierte ihn nicht mehr. »Tut mir leid, ich hab dich falsch verstanden.« Ich war bereit, notfalls jede allgemein akzeptierte Theorie abzutun. Hier ging es um das Rätsel Robby. »Schneller, lichter, okay. Aber um auch nur ein kleines bißchen lichter zu werden ... ich meine, etwas mehr Licht auszustrahlen ... mußt du dein Tempo schon bis ins Aberwitzige steigern. Hast du nie Angst, dabei hops zu gehen?«

Ein Stück weiter war jemand dabei – der Geruch trieb zu uns herüber –, Benzin aus einem Kanister über die Polster der vier Schrottautos zu kippen.

Robby zuckte mit den Achseln. »Nee, ich hab nur Angst, daß ich kein' anständigen Abgang mach.«

»Dein Leben lang ein Invalide zu sein, meinst du?«

»Mann ...!« Robby rannte, vor Ärger knirschend, am Böschungsrand hin und her. »Hör sich einer diesen Oberschlauen an! Du schnallst ja wohl gar nichts, hä? Null Durchblick, was? Nein! nein! und noch mal nein! Ich hab kein' Schiß, daß ich fürn Rest von meim Leben mit anderthalb Haxen unnem halben Ei im Rollstuhl hock. Schon beschissen, wenns passiert, aber das hat nix damit zu tun. Horror davor ham, daß man hops geht, okay, aber nen Abgang machen, damit man nich ... Ach, scheiß drauf, wie soll ich das sagen? Du hast studiert, nicht ich. Is schon gut, laß sein, Mann.«

Er wurde geholt, damit er seine Nummer noch

einmal machte, diesmal mit brennendem Hindernis. »Sonst wird's zu dunkel, Rob.« »Ja, okay.« Das Motorrad wurde nach einigem Gefummel und Gebastel als für den Sprung in Ordnung befunden. Ich verzichtete auf das Zuschauen. Ich sah gerade noch, wie die Flammen aus den Amischlitten schlugen. Dann drehte ich mich um und ging zurück, Richtung Wohnwagengelände, im Pullover.

In der Verwandtschaft hat mir nie jemand meine Vermutungen bestätigen wollen, aber es ist nicht schwer zu erraten, warum Robert von der Gemeinde aufgefordert wurde, die Baubude zu räumen. Hier wurden zu offensichtlich Geschäfte betrieben, mit illegalen Pillen. Er wehrte sich nicht, war aber ebensowenig bereit, sich weiter von Tante Karin zu entfernen. Als neue Behausung wählte er die Garage schräg hinter dem Haus: Das Auto, meinte er, müsse dann eben vor der Tür stehenbleiben.

Kaum hatte er sich häuslich eingerichtet, da bekam er Besuch von der Polizei. Laut Tante Karin, später, war das Gespräch etwa so verlaufen:

»Der Teufel soll euch holen! Darf ich hier etwa auch nicht bleiben? Irgendwo muß man doch wohnen!«

»Das ist nicht der Zweck unseres Kommens, Mijnheer Egberts.«

»Äh, ja, aber sonst ... zum hunderttausendsten Mal: Ich hab ein paar Leuten hier aus der Gegend ... Leuten mit Blutarmut, denen hab ich ein paar Ampullen mit Eisen besorgt. Aber sonst ...«

»Auch deswegen kommen wir nicht, Mijnheer Egberts. Es geht um Ihren Sohn Robert.«

»Ich weiß von nix. Der hat hier letzten Monat den Mülleimer durchs Fenster geschmissen, der Stinker. Seitdem hab ich'n nich mehr gesehn. Er hat jetzt wohl 'ne eigne Bude, denk ich. Keine Ahnung, wo.«

»Hinthamerstraat, Den Bosch. Er hat einen Unfall gehabt.«

»Kann ich mir denken. Um diese Jahreszeit isser ständig am Querfeldeinfahren. Da kann's wüst zugehen.«

»Einen Motorradunfall.«

»Ja, Motorsport macht er auch, volle Pulle.«

»Es ist auf einer öffentlichen Straße passiert. Bei Sint-Oedenrode. Mitten in einer Schlange. Er ist über drei, vier Autos geflogen.«

»Und jetzt will er, daß ich ihn einsammel. Der Teufel soll ihn holn.«

»Ihr Sohn ist nicht bei Bewußtsein. Im Grunde haben ihn die Ärzte für klinisch tot erklärt.«

Wie er darauf reagierte, das erzählte Tante Karin nicht so genau, aber ich stelle mir vor, daß er in diesem Moment ein Schnauben von sich gab, begleitet von einem verächtlichen Grinsen, an dem sein weißgeflecktes Auge keinen Anteil hatte. »Klinisch tot ... was is'n das wieder fürne dämliche Erfindung? Was willst du mir eigentlich sagen, Mann?«

(Tante Karin erzählte, daß nach dem Abgrund

der Verzweiflung, der sich in ihr auftat, das Wort »klinisch« auf einmal etwas Beruhigendes hatte. So was wie »sozusagen, aber nicht wirklich«.)
»Ihr Sohn ist von den Ärzten im Krankenhaus aufgegeben worden.«
»Also, klinisch tot heißt aufgegeben, aber aufgegeben heißt noch nicht tot ... Was quatschst du da eigentlich, Mann?«
»Uns oblag die traurige Pflicht, Sie vom Tod Ihres Sohnes Robert Egberts in Kenntnis zu setzen. Dieser Pflicht sind wir nachgekommen.«
»He! he! eben hieß es noch anders. Da war alles noch klinisch. Klinisch hin und klinisch her.«
»Ihr Sohn ist gestorben, glauben Sie mir.«
»Kein Wort glaub ich davon. Vorhin schon nich und jetzt noch weniger. Und jetzt verpißt euch. Raus hier. Wenn ihr noch was wißt ...«
»Wir haben Ihnen noch mitzuteilen, daß er ins Sint-Joseph-Krankenhaus verbracht wurde.«

Hatten die Ärzte, obwohl sie mit ihm noch nicht fertig waren, obwohl sie noch um ihn kämpften, Robby bereits etwas verfrüht für »klinisch tot« erklärt? Oder waren die Polizisten zu schnell losgezogen mit ihrer Nachricht, sofern sie die überhaupt richtig verstanden hatten? Wie es sich genau verhielt, wird die Familie wohl nie erfahren.

Sicher ist, daß es den Ärzten gelang, Robby wiederzubeleben, und daß seine Eltern, als sie im Krankenhaus eintrafen, erfuhren, er liege in der Intensivstation. Sein Zustand wurde als »äußerst kritisch« bezeichnet, aber Robert war völlig aus dem Häuschen.

»Wenn ich verdammt noch mal sag, daß es nicht stimmt, dann stimmt es auch nicht. Das wär ja noch schöner. Ich bin doch nicht blöd. So was spürste doch bei deinem eignen Kind.«

Und er schaffte es, der Lump, wenn auch nur um Haaresbreite. Robby richtete sich wieder auf, aber nicht von heute auf morgen, sondern Stück für Stück. Als ich ihn ein paar Monate nach dem Unfall im Haus seiner Mutter besuchte (er war gerade aus dem Rehabilitationszentrum entlassen), saß er im Rollstuhl. Sein Gesicht zeigte hier und da noch schlecht verheilte Verletzungen. Er machte reichlich Aufhebens um die Silberstifte in seinen Kniegelenken, als wäre das etwas Schikkes, Schmuck unter der Haut. Na ja, mit der Silberplatte (»Große Verdienstmedaille«), mit der Prager Chirurgen die Ostfrontkugel in Onkel Egberts Hinterkopf abgedeckt hatten, hatte die Verwandtschaft sich auch wichtig getan: Er war damit begraben worden, und ich konnte mich des Eindrucks nicht erwehren, daß manche das

»jammerschade« fanden, oder, wie man hier sagt: »'Ne ewige Sünd weg'n dem Silber.«
Wegen der Metalldinger in seinen Gelenken und seiner noch hölzernen Art, sich zu bewegen, wurde Robby inzwischen von jedermann »Pinocchio« genannt, worauf er sehr stolz war, ohne es freilich zu verstehen. In jungen Jahren schon hatte er mit größtem Ernst und voller Hingabe den Erwachsenen gespielt, so daß er nie dazu gekommen war, Kinderbücher zu lesen. Ich erzählte ihm kurz was über Pinocchio. Als er mit den Achseln zuckte (»Wasn Quatsch!«), bestätigte sich mein erster Eindruck: Sein Pullover schien über einem Holzbügel zu hängen anstatt über mit menschlichem Fleisch gepolsterten Knochen – so mager war Robby nach dem Unfall geworden. Er verlor nicht viel Worte darüber.
»'ne Schlange. 'ne Zweierreihe. Und da zwischendurch. Ich flog über ich weiß nich wieviel Autos. Eigentlich nix Besondres, hab bloß vergessen, mein' Ofen mitzunehmen. Der blieb an irgend 'ner Stoßstange hängen. Wennde dann runterknallst, fehlt dir das Ding doch. Vor allem die Federung.«
Ich meinte, es könnte ein Test für seine Lebensfähigkeit gewesen sein, weil seine Mutter seinerzeit ja so dezidiert für unfruchtbar erklärt worden war. »Auf immer und ewig ein ungewünschtes

Kind.« Wir ließen ein paar respektlose Sprüche los über derartige Diagnosen und die Leichtgläubigkeit der Leute, und dann machte Robby die Bemerkung über den Blitz und den Baum (»taub wie 'ne Nuß bis zum Sankt Nimmerleinstag«), und damit war die Sache abgehakt.

Da uns der Gesprächsstoff auszugehen drohte, erinnerte ich ihn an unser abgebrochenes Gespräch von vor zwei Jahren am Helmonder Kanal. Er wußte nur noch, daß wir mal »Klartext« über Einstein und Geschwindigkeit geredet hatten (was laut Robby mit einer Niederlage für mich geendet hatte), konnte sich aber nicht mehr an seine Wut erinnern, als es ihm nicht gelang, seine eigene Todesangst in Worte zu fassen.

»Du hast es einfach nicht hingekriegt. Weißt du jetzt mehr, nach dem, was passiert ist? Du hattest schon Angst vor dem Tod, erinnere ich mich, aber nicht übermäßig. Normal. Die wirkliche Angst hobst du dir für was anderes auf. Oder täusche ich mich?«

»Na, eins weiß ich jetzt ... *beinah* 'nen Abgang machen, da kannste süchtig nach werden. Reichlich ungesund, mein ich. Und mörderisch für die Krankenkasse. Wenns annen Moment geht, wode rübergleitest ... Himmelarsch, ich weiß jetzt, wie sich das anfühlt, da hat der Brutkasten auffer Intensivstation schon für gesorgt. Echt geil.

Durchn Strohhalm kommen, zum Gezwitscher der Vöglein. So ähnlich.«
»Damit wäre dann das Problem der Todesangst gelöst. Langsam rübergleiten ist schön.«
»Viel zu schön. Ich trau der Sache nicht. Macht einem nur den Mund wäßrig, das isses. Ich hab viel zu viel Schiß, daß ich mich im letzten Moment doch noch querstell.«
Auf einmal begriff ich es. Ich begriff es, weil unsere Ängste aus demselben Holz geschnitzt waren. Der Unterschied zwischen Robby und mir bestand nur darin, daß er glaubte, eine Lösung gefunden zu haben, während ich glaubte, nie eine zu finden. Wir litten beide an einer abgeleiteten Todesangst. Die Angst vor dem Tod war bei uns noch erträglich, angemessen, noch zu verkraften, sozusagen, doch was uns wirklich beschäftigte, war die Angst, nicht sterben zu *können*, wenn's soweit war. Die Angst, hops zu gehen, ohne zu sterben.
Bei mir war diese Angst zur Gewißheit geworden. Nie würde ich imstande sein, diesen letzten Schnaufer oder Hickser oder Kickser, was auch immer, zu tun, mit dem ein normaler Mensch sich in den Tod fügt. Ich würde mich – das war mir klar – bis zum Letzten wehren, ohne jedoch den Triumph dieses Widerstands zu genießen. Der Tod würde nichtsdestotrotz eintreten. So

wurde ich in meinem passiven Widerstand lächerlich gemacht. Der Tod schaffte es auch ohne mich – wenn nicht im Guten, so im Bösen. Ich würde nichts weiter sein als ein Anlaß für einen notwendigen Todesfall.

Für mich wurde gestorben.

Entspannung würde der Tod mir schon gar nicht bringen. Nichts würde sich auftun, nichts sich öffnen, nicht mal der Schließmuskel meines Afters. Der Tod würde mich mit Gewalt nehmen müssen, wie ein Vergewaltiger. Er würde mich von hinten anspringen, mich überwältigen, zu Boden drücken, und nach einer kurzen, groben Vergewaltigung würde er den Körper völlig erstarrt im Staub liegenlassen. Leblos, nicht gestorben. Kein Daumen irgendeines Hinterbliebenen oder zufälligen Passanten würde sich als stark genug erweisen, mir die Augen zu schließen: Unter Lidern aus verhärtetem Gummi würden sie starr, wie Glasmurmeln, offenbleiben.

So erläuterte ich Robby diese spezielle Form von Todesangst. Ich merkte, daß er mir jeden Moment sein »Quatsch!« um die Ohren hauen konnte; er beherrschte sich aber und nickte schließlich, wenn auch mit skeptisch vorgeschobenen Lippen. Er mochte mir nicht zustimmen, daß das Problem unlösbar sei, konnte aber auch mit keiner eigenen Lösung aufwarten. In seinem

Gebrummel kam immer wieder das Wort »nahtlos« vor. Ich fragte so lange nach, bis ich kapierte, daß er meinte, das Leben müsse absolut *nahtlos* in den Tod übergehen; nur so sei ausgeschlossen, daß man sich würdelos sträube.
»Aber wie denn, Robby?«
»Ach, hör doch auf. Die meisten sin so verdammt langsam aufm Weg zu ihrm Ende. Die krepiern immer nur horizontal, inner Kiste. Dann kriegste Trouble. Von wegen nahtlos. Ein ewiges Rumgemache und Wieder-zurück-Gekrabbel. Wennde aber genug Tempo drauf hast, löst sich das Problem von allein. Wer schnell genug fährt, wird lichter ... wird zu Licht und ... ja, dann haste den Zustand, wo's nahtlos geht. Du mußtes nur richtig machen. Keine halben Sachen.«

Am Nachmittag schob ich Robby zu seinem »Kumpel«, dem anderen Überlebenden des ursprünglichen Trios nach dem Unfall auf dem Busdach.
Ich kannte ihn, diesen Lex. Er war der Freund (gewesen, oder noch immer) eines Mädchens, das, als ich damals diesen Bürojob in Eindhoven hatte, monatelang jeden Morgen beim selben Geschäft ungefragt auf meinen Gepäckträger gesprungen war, um bis zu ihrer Haushaltsschule mitzufahren. Gerade als ich mich für

meinen schweigenden Morgenengel zu interessieren begann, geriet sie an diesen Freund und blieb bald darauf der Schule fern: Ich radelte noch lange vergebens, wie ein Blöder, mit einem Schaumgummikissen auf dem Gepäckträger an diesem Geschäft vorbei. Wegen seiner kriminellen Umtriebe wurde der Freund von den Eltern auf die schwarze Liste gesetzt. Das Mädchen landete nach einem mißglückten Selbstmordversuch im Krankenhaus, wo der Junge trotz der fast permanenten Bewachung durch Vater und Mutter (die sich ablösten) in einem unbewachten Augenblick zu ihr vordrang und es sogar fertigbrachte, ihr »die Hand auf den nackten Bauch zu legen«, wie eine Frau im selben Raum den Eltern später berichtete. Ein paar Jahre später wurde das Mädchen, gerade mal achtzehn, nach einer kurzen Ausbildung im Südjemen auf dem Flughafen von Tel Aviv mit einem Koffer voll Sprengstoff verhaftet, so daß sich die Eindhovener Zeitungsleser fragten, was die Kinder heutzutage eigentlich auf der Haushaltsschule lernen. Damals hatte das für einigen Wirbel gesorgt, aber ob sie noch saß, wußte ich nicht; der Junge war jedenfalls gerade aus dem Gefängnis entlassen worden, wo er eine kurze Strafe wegen irgendeiner Sache mit Amphetaminen abgesessen hatte, auch eine Art Sprengstoff. Jetzt versorgte er

die jungen Schäferhunde im Zuchtbetrieb seines Vaters.
»Ey Lex, zeig Albert doch mal deine Erfindung«, bölkte Robby.
»Da steht sie doch«, bölkte Lex zurück. Der Junge trat gegen einen umgestülpten Plastikeimer, auf dessen Boden ein Hundefreßnapf aus Plastik stand.
»Na?« meinte Robby zu mir.
Ich stand auf dem Schlauch. Erfindung. Ich sah einen umgedrehten Eimer mit einem Freßnapf darauf, zwei Gegenstände, deren Böden sich berührten, das war alles. So stapelte ein Dreijähriger Dinge aufeinander. »Was soll das sein?«
»Typisch Professor«, sagte Robby, »nie kapierste was.« Er beugte sich aus dem Rollstuhl vor, hob den Eimer hoch und hielt ihn mir dicht vor die Nase. »Der Professor denkt: Das steht da nur so rum, zum Spaß. Lose. Von wegen. Hier, faß mal an. Kriegste nich auseinander. Zusammengeschweißt.«
Ich sah jetzt, daß an den Berührungsflächen von Eimer und Napf das geschmolzene und wieder erstarrte Plastik Blasen geworfen hatte.
»Und warum? Probier du mal, ob ers kapiert, Lex. Er ist so was wie'n Professor.« Robby, wie's grimmiger nicht ging. Oder sah ich in seinem

blassen, abgemagerten Gesicht eine Spur von verhaltener Freude?

Lex murmelte, während er von mir wegschaute und die Achseln zuckte: »Die jungen Hunde kriegen total krumme Beine, wenn sie immer aus diesen niedrigen Schüsseln zu fressen bekommen. Bei dem Ding hier brauchen sie nicht einzuknikken. Es ist genauso hoch wie ihre Vorderbeine. Sie brauchen ihre Schnauze bloß in die Schüssel zu stecken. Können grade stehenbleiben. Und der Alte kriegt mehr für sie, wenn ihre Beine nicht so krumm sind. Für die kleineren oder für die schon etwas größeren hab ich wieder andere Größen ...«

Robbys Grinsen, halb Spott, halb Stolz, bewirkte, daß ich auf einmal etwas ganz anderes vor mir sah als einen Eimer und einen Freßnapf – eine Skulptur von Findigkeit und Poesie. Ein Wunder. Jetzt begriff ich, weshalb er mich zu seinem Kumpel mitgenommen hatte.

Sie hatten ihn, Robby, schon zu oft angehalten, das war's. Jede Kontrolle, sogar Routinekontrollen, empfand er als Demütigung. Mit der Zeit war er eine Berühmtheit bei der Polizei von Eindhoven und Umgebung geworden; Streifenwagen hielten sein Auto mit Vergnügen an. Robby litt unter seinem Ruhm. »Scheißtypen, immer ich. Sucht euch doch auch mal 'nen annern.« Zu einer Tante, deren einer Sohn zur Polizeischule wollte, hatte er schon mal gesagt: »Wenn euer Sohn zur Polente geht, isser für mich gestorben.«

Und dabei handelte es sich um einen Lieblingscousin, mit dem er oft trainierte und eine Menge Rennen gefahren hatte. »Bullen« waren für Robby eine Art Erzieher, die ihn zu immer höherer Geschwindigkeit trieben.

Sie mißverstanden einander, die Polente und er. Wahrscheinlich hatten sie ihn nicht einmal aus der Kneipe kommen sehen, in jener Septembernacht, in Budel. Robby glaubte nicht mehr so recht an Routinekontrollen, und trotzdem handelte es sich bei jener an der Abzweigung so gut wie sicher um eine. So stand es im übrigen auch in der Zeitung, am nächsten Tag.

Seine Erbitterung über die vielen bisherigen Kontrollen war natürlich nur der Anlaß, mehr nicht; eine faule Ausrede, nichts weiter; ein triftiger Grund, sich seinem eigenen Spiel, der Geschwindigkeit, hinzugeben. An der Abzweigung stand nicht die Polente, sondern sein Vater, der ihn heftig gestikulierend anspornte.

Sein Kumpel, der neben ihm saß, wird wohl nicht protestiert haben, als Robby das Stoppsignal ignorierte und Vollgas gab. Für so was war Robby immer gut. Neu dran war nur, daß er auch das Licht ausmachte, hinten und vorn. Ich stelle mir vor, daß er selber erschrak über diese Geste. In Null Komma nichts löschte er die Lichter seines Autos, die der ganzen Welt. Des Dorfes, in dem plötzlich offenbar alle im Bett waren, so daß es keine Fenster mehr gab, die ihm die Flucht erhellen konnten. Der Provinzstraße, die ein Stück weiter nur noch dank der Reflektoren existierte. Der Nacht, die mondlos war und ohne Sterne. Des Lebens, doch davon wußte er noch nichts, Robby.

Es lief also darauf hinaus, daß Robby mit diesem simplen Handgriff nicht nur sein Auto für den Verfolger unsichtbar machte, sondern die ganze Welt – für sich selbst. Gut, erst waren da noch, um die Welt vor dem Unsichtbarwerden zu retten, das Blaulicht und die Scheinwerfer des Poli-

zeiautos, aber auch die löschte Robby, einfach indem er schneller fuhr als seine Verfolger.
Was bedeutete Geschwindigkeit noch, wenn nichts blieb, im Verhältnis zu dem man Geschwindigkeit entwickeln konnte? Durch das Ausschalten der Beleuchtung wurde Robbys Geschwindigkeit, gleichgültig, wie er sie steigerte – Vollgas –, gleichsam außer Kraft gesetzt. Erst wenn das Auto eingeholt würde, würde es durch die heranschießenden Scheinwerfer des Hintermanns seine zweihundert Stundenkilometer wiedererlangen.
Robby konnte nicht mehr zurück. Dafür war er zu stolz und zu eigensinnig. Seine durch Silbergelenke zusammengehaltenen Pinocchiobeine bedienten mechanisch und vergeblich Brems- und Gaspedal. Er hatte das Gefühl, er bearbeite die Pedale einer Orgel: Trotz des Quietschens und Kreischens stand das Auto genauso reglos in der Nacht wie eine Orgel in einer hohen, dunklen Kirche. Und falls Robby die Geschwindigkeit (die nicht einmal auf dem Armaturenbrett ablesbar war) überhaupt *fühlen* konnte, so mußte sie wie Schwindel auf ihn übergehen, wofür man sich auch nicht vom Fleck zu rühren braucht. Nein, die zwei Burschen, beide mit schwarzem Schal, saßen bewegungslos zwischen den vier Rädern auf dem ebenso schwarzen Boden der Nacht.

»Scheiße, Verstärkung! Wo ham se die so schnell her? Ham die Typen nix anners zu tun?«
Aus Richtung Eindhoven näherte sich auf einer Seitenstraße mit aufgeblendeten Scheinwerfern und Blaulicht ein zweiter Wagen der Polizei.
»Quassel nich, Rob. Häng se ab, Mann.«
Die Welt wurde wieder sichtbar, und Robby gewann seine Geschwindigkeit zurück. Zumindest für eine Weile. Nachdem er auch die Verstärkung aus Eindhoven mühelos abgehängt hatte, standen sie wieder still im Stockfinstern. Wo waren sie? Ich weiß inzwischen aus der Zeitung, daß sie mittlerweile die Gemeindegrenzen von Weert überquert haben mußten, aber für die Jungs war nichts zu lesen gewesen: kein Schild, kein Zeichen, kein Wort.
Reflektoren schenken nichts gratis. Sie belohnen Licht mit Licht. Es ist ein Tauschhandel: rotes Licht gegen weißes Licht. Schlicht um Schlicht. Erst wollen sie etwas – banales weißes Licht, und nicht zu wenig –, bevor sie ihre Rubine im Dunkel aufglühen lassen.
Dort, auf dem Boschdijk, war eine Gabelung – nicht in Wirklichkeit, sondern entsprechend der Logik jener Nacht. Zwei Wege. Der Weg des Lebens machte eine unerwartete Biegung nach links. Die verfehlten sie. Natürlich verfehlten sie sie, denn der Weg des Lebens muß erhellt werden

– von der Sonne, zumindest vom Abblendlicht eines Autos, notfalls von der Laterne des Diogenes … Folglich fuhren sie ohne langes Gefackel geradeaus, den anderen Weg entlang.
»Ro-ob …!«
Plötzlich stand, hoch aufschießend, ein Baum im Auto. Er war infolge der Härte des Stamms und der Äste mit einem Ruck durch das Chassis und die Karosserie des in der Nacht stehenden Fahrzeugs gedrungen. Infolge seiner Wachstumsgesetze lösten sich Zweige und Blätter, aber noch bevor sie auf das niederregnen konnten, was von dem Auto übrig war, stoben mit pfeifendem Flügelschlag zwei Vögel aus der Krone, in verschiedene Richtungen; ihre Schreie waren nicht voneinander zu unterscheiden: Sie klangen wie *ein* Angst- und Triumphschrei.
Nicht nur die Burschen mit den schwarzen Schals umarmten den Baum; das Blech der Karosserie hatte sich wie ein Gewand mit silbernen Zierstreifen und Kanten in theatralischen Knitter- und Knautschfalten um den Stamm drapiert, welcher blutete – erst farblos, als hätte ein Hirsch sich an der Rinde zu schaffen gemacht, bis sich zeigte, daß Bäume auch rot bluten können.

Es dauerte eine Weile, hörte ich später, bis sie von meiner kopflosen Tante Karin den Aufenthaltsort von Robbys Vater erfuhren.

»Hier nebenan ... in der Garage. Er wird wohl schlafen.« Und: »Bloß nicht herbringen. Er tut mir was an.«

Sie klopften, hämmerten an die breite, eiserne Schwenktür.

»Ka-ar?« So kürzte er ihren Namen ab. Er schnaubte.

»Mijnheer Egberts? Polizei.«

»Verdammt noch mal, was'n jetzt wieder los? Könnt ihr mich denn nie in Ruh lassen?«

So ungefähr mußte es sich abgespielt haben.

»Können Sie mal aufmachen?«

»Muß ich desweg'n aus der Kiste? Die Tür is auf. Einfach den Griff rumdrehn.« Die Messerstiche hatten ihn offenbar nicht vorsichtiger gemacht.

Da schwenkte das Garagentor schon zur Decke, und es ist nicht schwer, sich vorzustellen, wie die Szene von der Straße aus ausgesehen haben muß. Die Intimität eines Schlafzimmers, dem plötzlich eine ganze Wand fehlt. Ein Mann im Schlafanzug, beim Schein einer Schirmlampe im Bett sitzend. Fernseher am Fußende. Teppich auf dem Betonboden. Weißgekalkte Backsteinwände.

»Oh, alte Bekannte auch noch«, knurrte Robert.

Er gähnte, ohne sich den Mund zuzuhalten. »Hockt euch hin, würd ich sagen.« Außer dem Küchenstuhl, über dem seine Kleider hingen, gab es keinen Platz zum Sitzen in der Garage. »Tut so, als wärt ihr zu Hause.«
»Sie sind Robert Egberts, der Vater von Robert Egberts?«
»Oh, ich hab noch mehr. Aber lange nicht soviel wie meine Frau.«
»Ihrem Sohn ist etwas zugestoßen.«
»Hab ich mir schon gedacht.« Er nickte in Richtung Wohnhaus, von wo das hemmungslose Heulen seiner Frau zu hören war.
»Etwas Ernstes.«
»So?« Es klang nicht sehr interessiert. »Karre Schrott ... Kaninchen überfahren ...«
»Mijnheer Egberts, Ihr Sohn hat einen Unfall gehabt.«
»Tja, auch nich 's erste Mal.«
»Aber das letzte Mal, fürchten wir, Mijnheer Egberts. Ihr Sohn ist tot.«
Wer hätte von ihm erwarten können, daß er, noch kein Jahr nach der voreiligen Nachricht von Robbys »klinischem Tod«, einer solchen Botschaft jetzt Glauben schenkte? Er wurde böse.
»Das könnt ihr eurer Oma auf die Nase binden. Den Scheiß könnt ihr jemand anders erzählen. Fangt ihr schon wieder an? Voriges Jahr war er

doch auch schon tot. *Klinisch* ... Es ist sicher wieder klinisch, was? Das kenn ich jetzt allmählich, diesen klinischen Scheiß. Quatsch.«

»Wir fürchten, Mijnheer Egberts, daß es diesmal endgültig ist. Ihr Sohn hat's nicht überlebt.«

Robert schlug wütend die Decke zurück und schwang die Beine über die Bettkante. »Das wern wir noch sehn. Ich sag, es is nich wahr. Unser Robby is nich tot. Beim letzten Mal hatte ich auch recht. Er *is* nich tot. Unmöglich.«

»Wir wünschen Ihnen Kraft, diesen Verlust zu ertragen.«

»Jetzt aber raus mit euch, Himmelarschundzwirn! Raus mit euch, alle beide! Das is ja wohl die Höhe!«

»Er ist nicht tot.« Wenn er sich so sicher war, Onkel Robert, warum ist er dann den Rest der Nacht durch die Stadt geirrt? Tante Karin, die ihn mit ein paar Kleidungsstücken über dem Schlafanzug hatte weggehen sehen, zu Fuß, hat ihn später mit dem Auto gesucht. Die Straßen waren neblig, und den Nebel durchdrangen zahllose orange Blinklichter. Sie fand ihn in Strijp, wo er mit langen Schritten, heftig gestikulierend und laut redend, wie sich's gehörte über einen Zebrastreifen ging, obwohl kein Auto zu sehen war. Sie wußte, daß er nicht ansprechbar war.

Um sich weniger einsam zu fühlen, folgte sie ihm im Schrittempo mit dem Auto; er merkte es nicht. »Es war, als ob er 'nen großen Hund an der Leine hatte«, sollte sie später sagen. »So lief er da.«

Wahrscheinlich, um keine Trauer hochkommen zu lassen, sagte ich mir: »Das ist vielleicht ungelegen. Schöne Scheiße.«

Professor Albert legte daheim bei seinen Eltern gerade letzte Hand an seinen Examensstoff, als ihn die Nachricht erreichte. »Verdammt. Ausgerechnet jetzt.« Anfang Oktober sollte ich in Nijmegen meine Zwischenprüfung in Philosophie ablegen und noch am selben Tag nach Amsterdam fahren, wo ich am Tag darauf mit dem Hauptstudium anfangen konnte. Bißchen spät. Meine Sachen standen verpackt in meinem alten Zimmer, wo ich den ganzen Sommer unter dem Dachfenster gehockt und gebüffelt hatte.

»Ich kann das jetzt eigentlich nicht brauchen.«

Trotzdem nahm ich an dem Samstagnachmittag gleich, nachdem ich es erfahren hatte, den Bummelzug von Geldrop nach Weert und ließ mir den Weg zum Boschdijk zeigen. Die Unfallstelle war rasch gefunden. Ein umgefahrener Leitpfosten. Reifenspuren. Ölgetränkte Erde. Ein verbogener Zierstreifen. Der blutende Baum ... Ein Stück

weiter, fast auf der anderen Straßenseite, lag eine unbeschädigte, glänzende Radkappe – zu weit weg eigentlich und auch zu unversehrt, als daß sie von Robbys Auto hätte stammen können.
Ich klingelte beim nächsten Haus. Ein Mann öffnete.
»Ja, ich bin heute nacht kurz draußen gewesen. Ich bin von dem Knall aufgewacht. Bis ich meine Kleider anhatte, war die Polizei schon da. Ich versteh immer noch nicht, wie die so schnell hiersein konnten ... Ja, ich hab mir die Sache mal angeschaut. Kein schöner Anblick, Mijnheer, das kann ich Ihnen sagen. Bei den Burschen saß nichts mehr an der richtigen Stelle, aber auch gar nichts, wirklich. Beim einen klebten die Zähne hier irgendwo« ( er grub die Nägel seiner rechten Hand in die Furche unter dem rechten Auge) »an der Wange. Wie ein paar Weintrauben. Wie ein Bild von Picasso, der Kopf, Mijnheer, tut mir leid, daß ich's so sagen muß.«

Und das war auch der Grund, weshalb die Eltern die Leichen ihrer Söhne nicht mehr zu sehen bekamen. Durften die Behörden eine Konfrontation einfach verweigern, auch wenn Vater und Mutter darauf bestanden, einen Blick in den Sarg zu werfen?
Als ich noch zur Schule ging, fuhr sich einer mei-

ner Klassenkameraden an einem Wochenende bei einer Spritztour tot. Allen Versuchen zum Trotz, es ihr auszureden (woran sich sogar der von ihr getrennt lebende Vater beteiligte), setzte die Mutter alles daran, damit der Körper, der nichts Menschenähnliches mehr aufwies, daheim aufgebahrt wurde. Ein Spezialist in derlei Dingen hatte die Leiche recht und schlecht zusammengekratzt und -geflickt, aber wo kein Gesicht mehr ist, kann man kein Gesicht hinkriegen. Niemand kam. Niemand traute sich. In der Schule, während ich auf die leere Bank starrte, hatte ich schuldbewußte Tagträume: Immer wieder sah ich, wie die einsame, gramerfüllte Frau, des Wartens müde, aus ihrem Sessel aufstand, um im Hinterzimmer ihren »schönen Toten« zu betrachten und mit ihm zu reden.

»... und trotzdem bin ich froh, daß ich dich nicht einfach hergegeben habe. Ich hätte es mir nie verziehen.«

Möglicherweise wurde in Robbys Fall und dem seines Kumpels von einer Sargöffnung so stark abgeraten, daß der Nachdruck, mit dem dies geschah, von den Eltern als Weigerung auf höheren Befehl ausgelegt wurde. Für Onkel Robert war es ein Zeichen. »Seht ihr? Was hab ich gesagt? Er *is* nich tot. Egal, wer innem Sarg da liegt, unser Robby isses nich.«

»Wo sollte er dann sein?«

»Ja, das is die Frage. Aber das krieg ich noch raus. Eins weiß ich jedenfalls genau: Er is nich tot. Auch nicht klinisch. Er lebt noch. Wie beim letzten Mal.«

Robert warf sich gegen verschlossene Türen. »Ich muß ihn sehen.« Er schimpfte, drohte, aber offensichtlich bei den falschen Leuten. Der Sarg blieb zu.

Nachts hörte er den Jungen um Hilfe rufen.

Wenn man das Unglück hat, am Wochenende zu sterben, landet man mit seiner Anzeige am Montag auf der Sportseite neben Fotos glänzender, vor Gesundheit und Kraft nur so strotzender Körper.
Die Nachricht selbst (»*Von unserer Reporterin*«) stand auf der Titelseite der Regionalzeitung, Robbys Todesanzeige jedoch, die paradoxerweise auch den Namen des Vaters aufführte, fand sich an jenem Montag neben einem in seinem Triumph doch sehr breit grinsenden Sporthelden, der eine riesige silberne Amphore hochhielt und sich mit der anderen Hand Champagner aus einer Flasche ins Genick goß. Dieser peinliche Kontrast – den einige von Robbys Freunden, wie sich später bei der Beerdigung zeigte, als Niederlage empfanden – wurde halbwegs wiedergutgemacht durch eine kleinere, anonyme Anzeige, die ihm eher gerecht wurde.

*Du gingst, wie du lebtest, viel zu schnell.*
*Freund und Feind werden dich vermissen.*

Große Poesie. Der Text stand auch auf der violett paspelierten Schleife des größten Trauerkranzes bei der Beerdigung. Es schien Tante Karin irgendwie gut zu tun (sie konnte zumindest nicht genug darüber reden), daß es eine solche Überfülle von Blumen gab. Kränze, groß wie LKW-Räder, schamlos kreuzförmige Gestecke, komplette Körbe, Sträuße, die zwei Arme kaum umfassen konnten ... Von Freund und Feind. Alles Leute, die sie, die Mutter, nicht gekannt hatte.

Mir war bewußt, daß ich die ganze Zeit, schon in der Kirche, Schiß vor ihrer Trauer gehabt hatte, die ich mir als etwas Versengendes vorstellte, dem man besser nicht zu nahe kam. Ich merkte, daß ich diese erschreckende Trauer innerlich ständig beschwor. Ich sah mit ihren Augen.

Hier kam, zu diesem Anlaß mit Blumen und Schleifen geschmückt, die vor ihr stets verborgen gehaltene, geheimnisvolle Welt ihres Sohnes zum Vorschein, und überdies am hellichten Tag. Anders als vor fünf Jahren bei der Beerdigung von Egbert Egberts, um die gleiche Zeit im September, schien jetzt eine überströmende Herbstsonne: Viele Frauen und Kinder trugen noch Sommerkleider. Es war eine beruhigende, helle Welt von Leuten, die jung und stark und vital waren, noch urlaubsgebräunt, und die sich jetzt, wo sie still und feierlich am Rand der offenen Gräber stehen mußten, rührend unbeholfen benahmen.

Ja, ob ich wollte oder nicht, ich sah alles durch

die Augen von Robbys Mutter. Ich dachte mit ihr, nein, ich zwang ihre Gedanken in eine Richtung, wo sie der Trauer am wenigsten begegnen würden. So wußte ich, *fühlte* ich (ich stand nicht weit von ihr entfernt), daß die ganze Szene auf dem Friedhof eine Art »Negativ« für sie war: ein reich geschmückter, von der Sonne vergoldeter Bilderrahmen, der von Blumen und einem Kranz schöner, junger Menschen gebildet wurde. Dieser Rahmen, der an die verzierten Kitschherzen in italienischen Kirchen erinnerte, war freilich noch leer; zwei Öffnungen, eigentlich Höhlen, waren darin ausgespart, die sehr bald die Bilder der beiden Jungen aufnehmen würden – Bilder in einem Medaillon, wohlgemerkt, einem eckigen Medaillon, denn niemand würde sie zu Gesicht bekommen. Bilder, durch einen Deckel dem Auge entzogen.

Bis dahin war es mir ganz gut gelungen, ihre Gedanken zu steuern. Am heikelsten waren die Augenblicke, die auf das Absenken der beiden Särge folgten. Nachdem das überhängende Grün zurückgefedert war, um den Gruben ihre Eckigkeit zu nehmen, starrten sie aus den Blumen von neuem diese beiden schwarzen Löcher an, die sich einfach nicht füllen zu lassen schienen.

Schnell! Schnell! Ein rettender Gedanke für Tante Karin! Gott sei Dank ... als Kind hatte sie einmal ihre Großeltern in Deutschland besucht, wo sie in einem Zimmer mit Blümchentapete schlief. Obgleich es nichts Aufsehenerregendes war, würde sie doch niemals vergessen, daß die Tapete *über die Steckdose* geklebt worden war; die Löcher hatte man nachträglich hineingestochen, was noch immer an einer leichten Fransigkeit des Papiers zu erkennen war ... Es war vielleicht wie mit der Ohnmacht bei zu heftigen Schmerzen: Wurde der Anblick von etwas – einer Szene – unerträglich, so drängte sich wie von selbst eine harmlose Assoziation auf. So konnte sich ein frisch ausgehobenes Doppelgrab, halb verschwunden unter Grün und Blumen, in fast nichts verwandeln: das Bild einer geblümten Steckdose.

Ich schaute zu Tante Karin und meinte sie lächeln zu sehen, so sehr hatte ich das Gefühl, ihren Gedanken den Weg gezeigt zu haben.

Als Robbys Sarg in die Erde hinabgelassen wurde, war Onkel Robert der einzige, der nicht regungslos zusah. Glieder, Gesichtsmuskeln – nichts an ihm kam auch nur einen Moment zur Ruhe. Wir waren Zeugen eines zwanghaften Händeringens, an dem nicht nur seine Hände, sondern alle Gliedmaßen beteiligt waren, jeder Muskel, jede Faser. Wankend, zitternd, zuckend stand er am Rand des ausgehobenen Grabes, und es war, als führe er da eine Art introvertierten Tanz auf, mit sich windendem Leib, ohne sich freilich von der Stelle zu rühren. Von Zeit zu Zeit ging, wie für einen Schritt seit- oder vorwärts, ein Fuß in die Höhe, doch wenn er eine Weile schwankend auf einem Bein gestanden hatte, setzte Robert ihn wieder vorsichtig ab, als habe er Angst, auf Zehen oder Blumen zu treten. Diese nervöse Beweglichkeit von Leib und Gliedern ging mit einem Geschnaube einher, das ich seit seinen Rennfahrertagen nicht mehr von ihm gehört hatte.

Sein Verhalten war um so auffälliger, als er ja so fanatisch davon überzeugt schien, daß nicht Robby, sondern irgend etwas oder jemand anders im Sarg lag, ja sogar, daß Robby noch lebte. Oder mußte das so sein, wenn man der Vater war? War der Tod eines Sohnes, und dann auch noch des ältesten, etwas so Undenkbares, daß sich der Verstand zwar mit allen möglichen, auch den ungereimtesten Argumenten gegen die Tatsache auflehnte, der Körper hingegen den Schmerz über den geleugneten Verlust nicht zu unterdrücken vermochte? Der Körper tanzte für einen Toten, der Geist hielt ihn hartnäckig am Leben.

Anders als bei Tante Karin gelang es mir nicht, meinem Onkel schmerzlindernde Gedanken aufzuzwingen. Ich gab mir auch nicht sehr viel Mühe. Im Gegenteil, ich hoffte, Roberts physischer Schmerz würde seinen Kopf freimachen für den Gedanken, daß Robby Papas Lehren doch reichlich autoritätsgläubig in die Praxis umgesetzt hatte.

Ende September, und Sonne im Überfluß, aber nirgends Haarwirbel, die durch sie zum Flirren gebracht werden konnten; alle Kinder, auf deren Köpfe ich sah, auch die Jungen, trugen die Haare lang. Ich mußte mir jetzt, auf der Stelle, eine Strategie gegen die Trauer ausdenken. Nein, nicht erst später. Jetzt. Hier, am offenen Grab. Jetzt gleich, an Ort und Stelle.

Och, meistens war nichts los. Dann schien alles – jede Tat, jedes Motiv, jede Äußerung – mühelos auf Egoismus, Eigennutz, sexuellen Vorteil, Neigung zu Sadismus oder einfach Haß zurückführbar. Beruhigende Entlarvung. Wir wünschten im Verlauf eines Jahres so viele Menschen ins Grab oder zumindest ins Krankenhaus, daß wir getrost daran zweifeln durften, ob wir wohl noch imstande wären, um einen Toten aus der nächsten Umgebung aufrichtig zu trauern. Falls nicht, um so besser, denn Trauer schmerzt und ist obendrein fruchtlos.

Zu früh gefreut. Trauer, gestützt auf Angst vor Trauer, entpuppt sich als überaus hartnäckig. Sie

überlebt jede Entlarvung. Wir sind das Opfer unserer eigenen Halbherzigkeit. Wenn wir eine so unsinnige Angst davor haben, jemanden zu verlieren (oder besser gesagt, wenn wir unter der – alles andere als uneigennützigen – herzbeklemmenden Angst vor künftiger Trauer leiden), warum unterziehen wir uns dann nicht, anstatt uns mit Entlarvungen zu ermüden, einer Gehirnwäsche mit der These »Es gibt keine Liebe, alles ist Egoismus und Selbstquälerei, die Toten lassen uns kalt«? Dann wären wir auf dem richtigen Weg, da nur noch einen kleinen Schritt von der befreienden Schlußfolgerung entfernt: »Wir haben uns ihren Tod gewünscht.« Ja, so müßte unsere Strategie aussehen: Wir müßten gleichgültige, zynische, gehässige, sadistische Gefühle und Einstellungen zu denen entwickeln, die uns nahestehen (*zu* nahe stehen), die uns lieb sind (*zu* lieb sind) – um künftigen Schmerz schon im vorhinein auszuschalten. Donnerwetter! Ich hatte sofort einen Namen dafür: Strategie. Der Bezwungenen Trauer. Könnte man direkt zum Patent anmelden ... gesetzlich schützen lassen ...
Lieber Junge. Armer Junge.

Hinterher keine altmodische Brabanter Kaffeetafel mit dem Trost des Genevers; nur Beileidsbezeigungen und ein Käsebrötchen im großen Saal.

Ein Verwandter fragte beim Händeschütteln ungeschickt: »Wie geht's denn so, Rob?«
»Ja, wie wird's schon gehn? Prima! Ausgezeichnet natürlich! Könnt gar nicht besser sein! Das siehst du doch ...!«
Dieselbe Heftigkeit wie früher. Für einen Moment glich er dem verbitterten, wütenden Vater, der seinen Sohn verloren hat, und das hatte etwas ungemein Beruhigendes. Doch schon bald begann er, im Mund die Hälfte eines Schinkenbrötchens, von dem er wahrscheinlich abgebissen hatte, ohne es zu merken, mit weitausholenden Armbewegungen erneut seine Komplotttheorien zu entwickeln. »Daß wirn nich sehn durften ... Mich reuts jetzt schon, daß ich den Scheißsarg nicht einfach aufgebrochn hab. Irgendwas stimmt da nicht. Ich kriegs aber noch raus. Und zwar alles. Mit unsrem Robby war mehr, als ihr denkt. Eins weiß ich jedenfalls absolut sicher: Tot isser nich. Beim letzten Mal hatt ich auch recht. Er lebt noch, das kann mir keiner abstreiten. Keiner nich.«
Niemand widersprach.
»Er gibt keine Ruhe«, sagte eine Tante kopfschüttelnd. »Er gibt einfach keine Ruhe.«
»Nein, er gibt keine Ruhe.«
»Er gibt keine Ruhe, nein.«

Auch nach der Beerdigung hörte Robert Robby nachts regelmäßig um Hilfe rufen – ein weiterer Beweis, daß der Junge noch lebte; er konnte nur nicht zu ihm. Robert begann unter Schlaflosigkeit zu leiden. Er versuchte es mit einem Umzug: weg, weg aus dieser Garage, deren Wände immer noch widerhallten von der erdichteten Unglücksbotschaft.

Meine Eltern trafen ihn einige Monate nach der Beerdigung in der Eindhovener Innenstadt in Begleitung einer neuen Freundin, die er angeblich von der Fallsucht geheilt hatte.

»Ich besitz besondere Fähigkeiten. Das hab ich zum erstenmal gemerkt, als sie mir vor anderthalb Jahren sagten, daß unser Robby tot ist. ›Stimmt nicht‹, hab ich gesagt. Weil, ich hab mit sowas wie nem innerm Auge gesehen, daß es nicht so war. Und es stimmte auch nicht. So hab ich's entdeckt, das mit den besonderen Fähigkeiten.«

Er kündigte an, »einen neuen Prozeß« gegen die Polizei anzustrengen, denn seinen jüngsten Erkenntnissen zufolge (»mühsam, das rauszukriegen«) hätten sie Robby während der Verfolgungsjagd »abgeknallt«, weil er »'n ordentlichen Batzen Geld aus Monte Carlo« bei sich gehabt habe.

Von Karin hörte meine Mutter, daß Robert sie noch fast täglich besuchte, um ihr, oft schon zwischen der ersten und zweiten Tasse Kaffee, ebenfalls eine Portion Schuld am »Mord an unserm Robby« in die Schuhe zu schieben.

»Er gibt keine Ruhe«, schloß meine Mutter ihren Bericht.

Unterdessen war der sechzehnjährige Benny, der noch bei seiner Mutter wohnte, dabei, in die Fußstapfen seines verstorbenen Bruders zu treten. Jemand hatte ihn am Lenkrad eines »geliehenen« Traktors gesehen; doch das ging ihm offenbar alles nicht schnell genug, denn als nächstes ertrank er fast, als ihm ein Sprung auf einer Geländemaschine über die Dommel mißlang und er sich einen Fuß zwischen zwei Rahmenteilen einklemmte.

Wie ich es auch drehte und wendete, ich verspürte so etwas wie ängstlichen Neid gegenüber Robby. Er hatte es schließlich geschafft, der Lumpsack. Seit er es so nahtlos hingekriegt hatte, wuchs in mir die Überzeugung, daß ich ein mühseliges – unvollkommenes – Ende finden würde.

Möglicherweise wurde ich durch meine Angst vor dem Gefackel, wenn's soweit war, in meiner jetzigen Existenz geschützt: Wer sein Leben lang Angst hat, nicht auf die richtige Art sterben zu können, wird vielleicht sehr alt – so alt, daß das Problem sich bis dahin nicht mehr im ursprünglichen Maße stellt. Es konnte nicht schaden, es dabei zu belassen.

Ich bin noch nicht fertig mit ihm. An seinem Bild fehlt noch etwas.

Ich hab mir erneut das Zeitungsfoto angesehen, aber nicht wegen der scharfsinnigen Unterschrift (»*Es blieb wenig übrig von dem Auto, in dem zwei junge Leute aus Eindhoven der Polizei zu entwischen versuchten*« – na klar, sie würden natürlich nicht schreiben, daß von den zwei jungen Leuten selbst »wenig übrigblieb«; das konnten sie ihren Abonnenten, morgens beim Frühstück zum Erdbeermarmeladebrot, nicht zumuten. Den Fleischwolf wohl, aber nicht das Hackfleisch, das ist das wahre Taktgefühl). Nein, in meiner Erinnerung war etwas von triefenden Algen hängengeblieben, als hätten sie das Unfallauto aus irgendeinem Gewässer fischen müssen, obwohl meines Wissens kein Graben oder Moorsee oder Kanal in der Nähe war, nicht einmal eine Regenpfütze. Als ich das verschwommene Nachtfoto aber richtig unter die Lupe nahm, kam ich nicht an der Schlußfolgerung vorbei, daß es breite Blutstrahlen waren, die in üppigem Schwall aus dem Motorblock über Stoßstange und Nummernschild flossen. Demnach mußten Robby und sein Kumpel sich in einer Art tödlicher

Symbiose mit dem Motor verflochten haben. »L'homme machine«, das war *immer* der Tod.
Beim genauen Betrachten des Fotos fiel mir außerdem auf, es war nur eine Kleinigkeit, daß am linken Vorderrad die Radkappe fehlte.
Der Junge, der von seiner Mutter entgegen den Ratschlägen aller daheim aufgebahrt worden war, hatte sich bei seiner Spritztour nachts an einem Lichtmast den Schädel eingerannt. Das hatte gewissermaßen noch etwas Faires, so was wie eine reelle Chance. Jedenfalls war es etwas ganz anderes als die völlige Dunkelheit, bei der Robby dran glauben mußte: Ein Baum spendet kein Licht. Unnachgiebiger war er auch, Robbys Baum; hohle Teile des gefällten Lichtmasts waren aus großer Höhe laut polternd auf die Straße gefallen (woraufhin das Auto, oder was davon noch übrig war, haarscharf an einer Bushaltestelle vorbeigeschrammt und, vom Zaun gebremst, in einem Gemüsegarten gelandet war). Die Anwohner hatten zuerst geglaubt, ein LKW mit leeren Bierfässern sei ins Schleudern geraten und habe einen Teil seiner Ladung verloren, denn so hatte es sich angehört.
Diese dröhnende Gewalt als Schlußakkord eines Lebens ist mir zu primitiv, zu theatralisch; um Robbys Leben auszuläuten, dafür brauche ich subtilere Musik, darunter tu ich's nicht. »Sym-

bole werden zu Zimbeln in der Stunde des Todes«, sagt der Dichter, und nicht der Geringste. Jetzt, wo ich das Foto wieder betrachte, das ramponierte Rad, bekomme ich große Lust herauszufinden, ob dieser Vers auch umkehrbar ist.

Man stelle sich vor, von einem unteilbaren Moment zum nächsten verwandelt sich ein intaktes, windschnittiges Auto samt Inhalt in ein Wrack, in einen zusammengepreßten Klumpen Blech, Fleisch und Knochen – und infolge der Gewalt, mit der dies geschieht, springt mit großer Wucht eine Radkappe ab. Ich habe im Laufe der Jahre eine Menge Autos gesehen, von außen wie von innen, Tausende, aber anhand dieses fotografierten Schrotthaufens hätte ich nicht sagen können, in welcher Marke Robbys letzte Fahrt stattfand. Ich habe auch nicht nachgefragt. Ich weiß nur, daß es ein Auto (man sieht sie immer seltener) mit glänzenden Radkappen war, die Robby jede Woche spiegelblank polierte. Man stelle sich vor, nichts als Schrott, und daraus schießt dann mit der Geschwindigkeit einer Kugel eine völlig unversehrt gebliebene verchromte Scheibe. Von vollendeter Form: absolut rund; kein Kratzer, keine Delle, nichts.

Es liegt mir nicht, gleich den gesamten Olymp herbeizuzerren, aber es *muß* eine Götterhand gewesen sein, die diesen Diskus warf: Nach kurzem, sausendem Flug durch die Nacht landete er mit einem Bogen auf der vom Auto soeben abrupt verlassenen Straße. Er hatte freie Bahn. Nachdem sie ein paarmal federleicht aufgedopst war, übrigens ohne ihre Form zu verlieren, rollte die Kappe mit unvorstellbarer Geschwindigkeit durch die verfehlte Kurve in die Richtung, die Robby hätte einschlagen müssen, um dem Baum keine Chance zu geben. Schnurgerade raste sie mit scharfem, singendem Ton über den Asphalt weiter. Ein geflügeltes Rad, wie wir es von Bildern kennen.

Und trotzdem, so schnell sie auch rollte, die Kappe, zu guter Letzt kam sie nicht gegen die Reibung auf dem Straßenbelag an. Sie wurde langsamer, wich von der geraden Linie ab, überquerte den weißen Strich und begann schließlich zu kippen – freilich ohne sich sofort geschlagen zu geben. Eine endlos erscheinende Drehbewegung auf der Stelle begann, die an manche Tänze erinnert, bei denen der Tänzer, mal die Beine, mal den Rumpf horizontal im Kreis schwingend, mit dem ganzen Körper möglichst dicht am Boden bleibt. Die Radkappe kreiselte mit lautem Gedröhn, das um so mehr anschwoll, je näher sie sich, die gewölbte Seite nach oben, dem Asphalt zuneigte. Ein langgedehnter Beckenschlag in der Stille der Nacht.

Das Singen der Zimbel ging in Rucken vor sich,

die einander immer schneller, in aufpeitschendem, zischendem Rhythmus folgten. Doch das Geräusch wurde immer mehr erstickt – durch die Radkappe selbst, die zuletzt, ohne sich noch nennenswert zu drehen, zitternd auf dem Asphalt lag und sich wie eine Glocke über den eigenen Klangkörper stülpte.

Es stammte von Robby selbst, dieses Beckengeräusch. In den letzten Momenten seines Lebens, mit einem einzigen Griff und einer einfachen Fußbewegung in völligem Dunkel komponiert und über seinen Tod hinaus vom Instrument autonom ausgeführt. Gibt es in der Musik so etwas wie ein *objet trouvé*? Kein Hund weit und breit, der den Schlußakkord hätte hören können. Wenn wir nun die Augen schließen und uns in diese pechschwarze Nacht begeben, können wir ihm nachträglich noch ein Publikum verschaffen.

Als die Radkappe allen Klang und alle Bewegung aus sich herausgeschüttelt hatte und endlich still dalag, verwandelte sie sich in eine durch Zwinkern weggesprungene Träne, die rund und silbrig auf dem Tisch ruhte. Eine Träne, die alles hätte spiegeln können, die *dramatis personae* auf beiden Seiten der Tafel, die erhobene Faust, das weinende Gesicht, alles, das ganze Drama … *wenn* sich nicht alles im Stockfinstern abgespielt hätte,

so daß es nichts, überhaupt nichts zu spiegeln gab, nicht mal einen Riß in der Decke.
Nichts zu sehen, nichts zu hören. Doch: Ein Stück weiter, an dem in verschlungenem Blech steckenden Fuß eines Baumes, da tropfte etwas auf die dürren Blätter, ganz leise, für niemanden hörbar, außer für uns, solange wir die Augen fest geschlossen halten. Es war der fast liebliche Moment zwischen dem Einschlag der Bombe, der verklungenen Explosion sozusagen, und dem ersten Schrei einer zu Tode erschrockenen Welt. Der Niemandsmoment, wie ich ihn nennen will, in dem es den Seelen vergönnt ist, ihren Kram zu packen und sich leise aus diesem Sauhaufen von zerfetztem Körper davonzumachen.
Wer nicht weg ist, der ist dran, und schon war er vorbei, dieser träumerische Niemandsmoment; in der Ferne ertönte bereits das Kreischen, das Heulen der zurückgebliebenen Welt, und nicht zu knapp. Die Sirenen von nicht weniger als drei Streifenwagen, in unterschiedlicher Lautstärke. »Scheiße«, hätte Robby gesagt, »da komm' die Bullen.« Wir sprechen es ihm, so gut es geht, nach, in seinem leicht belfernden Eindhovener Dialekt. (»Scheibenkleister!« sagte er auch, wenn er in euphorischer Stimmung war.) Dann erst blitzte im Chrom dieses nachtblinden Auges etwas auf: ein Blaulicht. Und gleich darauf noch

eins. Und plötzlich gab es Licht in Hülle und Fülle: Blaulicht, Scheinwerfer und auch Taschenlampen in den Händen aussteigender Polizisten. Das Auge füllte sich, sah alles, spiegelte alles, zog alles an sich, die gesamte Umgebung, die komplette Aktion. Nervöses blaues Geflacker, Uniformen, kreisende Strahlenbündel, ein blutender Baum ... alles verzerrt zusammengezogen in diesem gewölbten Spiegel. Wenn wir richtig hinsehen, erkennen wir, wie die Lichtbündel aus den Taschenlampen, noch verschärft durch einen leichten Nebel, pfeilgerade und mitleidlos von allen Seiten durch dieses Autowrack gestoßen werden: Sie erinnern uns an ebensoviele blitzende Degen, die der Zauberkünstler und sein Helfer durch den Korb stechen, in dem ein zusammengekauerter Schlangenmensch steckt.
Noch viel mehr gab es in dieser Nacht für die von keinem bemerkte Radkappe zu spiegeln. Die Lichter der Krankenwagen ... blau, rot ... das gespenstische Weiß der Sanitäter ... Daß das Wort AMBULANZ bei der Ankunft und Abfahrt normal lesbar über das Chrom glitt, hätte uns wundern können, wüßten wir nicht, daß es, im Hinblick auf die Rückspiegel der Autofahrer, bereits in Spiegelschrift vorn auf den Krankenwagen stand. Männer, die eine Art von Feuerwehrhelmen trugen, sorgten mit ihren phospho-

reszierenden rosa Kitteln für einen kaleidoskopischen Wirbel in der Radkappe. Bis sich am frühen, noch dunklen Morgen ein feiner Tau auf das Chrom legte, wodurch es matt wurde und alles, was sich zum Spiegeln anbot, bis zur Unkenntlichkeit aufsog. Das orangerote Blinklicht des Abschleppwagens, der das Wrack holte, wurde beim Vorbeifahren nur noch schwach in dem beschlagenen Spiegel reflektiert.

Wenn ich so mit geschlossenen Augen darauf hinunterschaue, auf diese mattglänzende kleine Kuppel, über die ein ockerfarbenes Licht fällt, erkenne ich Robbys Stiftekopp wieder, auf dem vor langer Zeit, im Flackerschein einer Kerzenflamme, die Wirbel in all ihrer widerborstigen Pracht sichtbar wurden.

Er ist nicht tot.

INHALT

## Neuere deutschsprachige Literatur in den suhrkamp taschenbüchern



250/1/11.94

## Neuere deutschsprachige Literatur
## in den suhrkamp taschenbüchern

Genzmer, Herbert: Manhattan Bridge. Geschichte einer Nacht. st 1396
Goetz, Rainald: Irre. Roman. st 1224
– Kontrolliert. Roman. st 1836
Gstrein, Norbert: Das Register. Roman. st 2298
– O2. Novelle. st 2476
Hänny, Reto: Am Boden des Kopfes. Verwirrungen eines Mitteleuropäers in Mitteleuropa. st 2210
– Flug. st 1649
Happel, Lioba: Ein Hut wie Saturn. Erzählung. st 2217
Heimpel, Hermann: Die halbe Violine. Eine Jugend in der Haupt- und Residenzstadt München. st 1090
Hessel, Franz: Heimliches Berlin. Roman. Nachwort von Bernd Witte. st 2269
Hohl, Ludwig: Die Notizen oder Von der unvoreiligen Versöhnung. st 1000
Horstmann, Ulrich: Das Untier. Konturen einer Philosophie der Menschenflucht. st 1172
Hürlimann, Thomas: Die Tessinerin. Geschichten. st 985
Kirchhoff, Bodo: Dame und Schwein. Geschichten. st 1549
– Die Einsamkeit der Haut. Prosa. st 919
– Ferne Frauen. Erzählungen. st 1691
– Gegen die Laufrichtung. Novelle. st 2467
– Infanta. Roman. st 1872
– Mexikanische Novelle. st 1367
– Ohne Eifer, ohne Zorn. Novelle. st 1301
– Der Sandmann. Roman. st 2330
– Zwiefalten. Roman. st 1225
Kiss, Ady Henry: Manhattan II. st 2416
Klix, Bettina: Tiefenrausch. Aufzeichnungen aus der Großstadt. st 1281
Koch, Werner: Jenseits des Sees. st 718
– See-Leben. 3 Bände in Kassette. st 783
– See-Leben I. st 132
– Wechseljahre oder See-Leben II. st 412
Laederach, Jürg: Flugelmeyers Wahn. Die letzten sieben Tage. st 1755
– Laederachs 69 Arten den Blues zu spielen. st 1446
Menasse, Robert: Phänomenologie der Entgeisterung. Geschichte vom verschwindenden Wissen. st 2389
– Selige Zeiten, brüchige Welt. Roman. st 2312
Meyer, E. Y.: Eine entfernte Ähnlichkeit. Erzählungen. st 242
– In Trubschachen. Roman. st 501

250/2/11.94

## Neuere deutschsprachige Literatur in den suhrkamp taschenbüchern

Meyer-Hörstgen, Hans: Hirntod. Roman. st 1437
Mitscherlich, Alexander: Toleranz – Überprüfung eines Begriffs. Ermittlungen. st 213
Morshäuser, Bodo: Die Berliner Simulation. Erzählung. st 1293
– Blende. Erzählung. st 1585
Neuwirth, Barbara: Dunkler Fluß des Lebens. Erzählungen. st 2399
Offenbach, Judith: Sonja. Eine Melancholie für Fortgeschrittene. st 688
Pakleppa, Fabienne: Die Himmelsjäger. Roman. st 2214
Praetorius, Friedrich-Karl: Reisebuch für den Menschenfeind. Die Freuden der Misanthropie. Erstausgabe. st 2203
– Tod eines Schauspielers. Bekenntnisse. st 2463
Rakusa, Ilma: Die Insel. Erzählung. st 1964
Reinshagen, Gerlind: Drei Wünsche frei. Fünf Theaterstücke. Mit einem Nachwort von Anke Roeder. st 1817
Rothmann, Ralf: Kratzer und andere Gedichte. st 1824
– Messers Schneide. Erzählung. st 1633
– Stier. Roman. st 2255
Sanzara, Rahel: Das verlorene Kind. Roman. Mit einem Nachwort von Peter Engel. st 910
Schindel, Robert: Gebürtig. Roman. st 2273
Schleef, Einar: Gertrud. st 942
Sloterdijk, Peter: Der Zauberbaum. Die Entstehung der Psychoanalyse im Jahr 1785. Ein epischer Versuch zur Philosophie der Psychologie. st 1445
Winkler, Josef: Der Ackermann aus Kärnten. Roman. st 1043
– Friedhof der bitteren Orangen. Roman. st 2171
– Der Leibeigene. Roman. st 1731
– Muttersprache. Roman. st 1044
– Das wilde Kärnten. Drei Romane. st 2477
– Das Zöglingsheft des Jean Genet. st 2320

250/3/11.94

## Deutschsprachige Literatur in den suhrkamp taschenbüchern: Lyrik

Artmann, H. C.: Gedichte über die Liebe und über die Lasterhaftigkeit. Ausgewählt von Elisabeth Borchers. st 1033

– How much, schatzi? st 136

The Best of H. C. Artmann. Herausgegeben von Klaus Reichert. st 275

Becker, Jürgen: Die Gedichte. 1965-1993. st 2596

Bernhard, Thomas: Gesammelte Gedichte. Herausgegeben von Volker Bohn. st 2262

Brecht, Bertolt: Gedichte. Ausgewählt von Autoren. Mit einem Geleitwort von Ernst Bloch. st 251

– Gedichte über die Liebe. Ausgewählt von Werner Hecht. st 1001

– Hauspostille. Mit Anleitungen, Gesangsnoten und einem Anhang. st 2152

Celan, Paul: Gesammelte Werke. Band 1-3: Gedichte. st 1331

– Atemwende. st 850

– Fadensonnen. Gedichte. st 2165

Deutsche Lyrik. Eine Anthologie. Herausgegeben von Hanspeter Brode. st 1607

Enzensberger, Hans Magnus: Der Fliegende Robert. Gedichte, Szenen, Essays. st 1962

– Gedichte. 1950-1985. st 1360

– Mausoleum. 37 Balladen aus der Geschichte des Fortschritts. st 2377

– Der Untergang der Titanic. Eine Komödie. st 681

– Zukunftsmusik. Gedichte. st 2223

Handke, Peter: Als das Wünschen noch geholfen hat. Fotos von Peter Handke. st 208

– Das Ende des Flanierens. st 679

Hesse, Hermann: Die Gedichte. 1892-1962. 2 Bde. Neu eingerichtet und um Gedichte aus dem Nachlaß erweitert von Volker Michels. st 381

– Liebesgeschichten. Geschichten, Gedanken und Gedichte über die Liebe. Herausgegeben und mit einem Nachwort versehen von Volker Michels. st 2400

Kraus, Karl: Gedichte. st 1319

Loerke, Oskar: Die Gedichte. Herausgegeben von Peter Suhrkamp. Neu durchgesehen von Reinhard Tgahrt. st 1049

Mayröcker, Friederike: Ausgewählte Gedichte. 1944-1978. st 1302

Rothmann, Ralf: Kratzer und andere Gedichte. st 1824

Sachs, Nelly: Fahrt ins Staublose. Gedichte. st 1485

Das Buch der Nelly Sachs. Herausgegeben von Bengt Holmquist. st 398

Walser, Robert: Die Gedichte. st 1113

255/1/11.95